Marko Pogačnik
Wandlungstanz der Erde

Marko Pogačnik
UNESCO Künstler für den Frieden

WANDLUNGSTANZ DER ERDE

Ein Begleiter durch die Herausforderungen der jetzigen Zeit

Autorisierte Übersetzung aus dem Englischen
von Farah Lenser

Bücher haben feste Preise.
1. Auflage 2019

Marko Pogačnik
Wandlungstanz der Erde

Autorisierte Übersetzung aus dem Englischen von Farah Lenser.

Umschlag:
Illustrationen: Marko Pogačnik
Gestaltung: Dragon Design, GB

Satz und Gestaltung:
Dragon Design, GB
Gesetzt aus der Minion

Gesamtherstellung: Appel & Klinger, Schneckenlohe
Printed in Germany

ISBN 978-3-89060-762-7

Neue Erde GmbH
Cecilienstr. 29 · 66111 Saarbrücken
Deutschland · Planet Erde
www.neue-erde.de

Inhalt

Teil 3: Umwandlung der Erde und der menschlichen Kultur

Gaia Touch Übungen

Einleitung

Es wird immer klarer, dass es nicht möglich ist, die Folgen des sogenannten Klimawandels zu umgehen, weil die moderne Zivilisation nicht willens ist, tiefgreifende Maßnahmen einzuleiten, um die Umweltzerstörung aufzuhalten.

Das vorliegende Buch erlaubt einen alternativen und positiven Einblick in den Prozess der sich entfaltenden Erdwandlung und bietet praktische Vorgehensweisen an, sich schöpferisch auf die Wandlungsprozesse einzulassen. Auf diese Weise können wir auch die erdheilende Absicht der Erdseele Gaias unterstützen, die als bewegende Kraft hinter der planetarischen Wandlung wirkt.

Das Buch behandelt verschiedene Aspekte der Erdwandlung, sowohl aus persönlicher wie aus gesellschaftlich kultureller Perspektive. Das Erzählen einiger meiner Träume, welche die Erdwandlungsprozesse ansprechen, soll zum besseren Verständnis der Themen beitragen und eine intuitive Ebene der LeserInnen ansprechen. Dazu kommen innovative Imaginationen, die durch Gaia Touch Übungen und persönliche Rituale unterstützt werden. Meine Zeichnungen vervollständigen das geschriebene Wort. Es ist nicht nötig, das Buch systematisch von Anfang bis Ende zu lesen. Geht schöpferisch mit dem Buch um und fühlt euch frei, selektiv das zu lesen, was euch gerade interessiert oder anzieht.

Hauptsächlich möchte ich einen praktischen Begleiter anbieten, den ihr zur Hand nehmen könnt, wenn ihr mit unbekannten oder herausfordernden Gegebenheiten konfrontiert seid – sei es im persönlichen Leben oder auch in dem uns allen gemeinsamen Lebensraum der Erde.

Lasst uns der Kraft und Schönheit des Lebens vertrauen!

Marko Pogačnik
Šempas, Slowenien, am 19. März 2019

Teil 1

Die uns vertraute Erde verschwindet

1
Unerwartete Dimensionen des planetarischen Wandels

Vor einigen Jahren hatte ich einen Traum, der sehr gut die Situation beschreibt, wie unsere Zivilisation an den Rand eines Abgrunds getrieben wird. Wie oft in meinen Träumen, in denen das gemeinsame menschliche Schicksal berührt wird, fahren wir in einem Bus und geben vor, Touristen zu sein, die auf dem Planeten Erde herumreisen. Ich betrachte das als ein Symbol dafür, dass sich Massen von Menschen auf dem Planeten Erde bewegen, gewöhnlich ohne mit seiner Essenz verbunden zu sein.

Der Bus hat gerade auf einem großen Parkplatz angehalten, damit wir uns eine in der Nähe liegende touristische Attraktion ansehen können. Als wir den Bus verlassen, stelle ich fest, dass der Fahrer – obwohl der Parkplatz leer ist – den Bus nahe am Rand einer Schlucht geparkt hat, in der tief unten ein mächtiger Fluss strömt. Ich finde das Verhalten des Fahrers unverantwortlich.

Noch mehr überrascht, erkenne ich, dass auf dem Dach des ultramodernen weißen Busses ein runder, intensiv grüner Busch aus Efeu wächst. Wie kann das sein?

Als wir von unserem Ausflug zurückkommen, stellen wir fest, dass der Bus verschwunden ist. Der Fahrer hat ihn zu nah am Rand des Canyons geparkt. Jetzt sehen wir den Bus tief unten bis zur Höhe der Fenster in den rasenden Fluten stehen. Der Fahrer erklärt, dass die moderne Technik noch jedes Problem lösen könne, und eilt davon, um Hilfe zu holen. Aber inzwischen wird uns klar, dass das Wasser des Flusses zu steigen beginnt, dabei den Bus anhebt und mit sich fortträgt. Nun ist der Bus unter Wasser, nur der wunderschöne Efeubusch auf seinem Dach reitet stolz auf den Wellen.

Der Traum vom überfluteten Bus

Der Traum ist sehr klar in seiner Absicht, uns Menschen zu der Erkenntnis zu drängen, dass Naturkatastrophen einschließlich der sich wiederholenden Krisen in Politik und Ökonomie, die in den letzten beiden Dekaden auftraten, nicht mit den Mitteln behoben werden können, die sie verursacht haben. Wir befinden uns an der Schwelle eines beispiellosen Wandels in der Geschichte der Erde, ihrer Landschaften und Lebewesen. Wir müssen erkennen, dass der Bus unserer Träume längst nicht mehr der vom Reisebüro vorgesehenen Richtung folgt. Er wird nun getragen vom Fluss des Lebens und gleitet auf einer fremden Existenzebene, die von dem grünen Efeu auf den Wellen markiert wird.

Die einfachste Erklärung, die ich für diese überraschende Situation geben kann, ist die Erkenntnis, dass die Erde jüngst begonnen hat, den Fokus ihrer Entwicklung vom dominierenden Zeitalter des Elements Erde auf das Zeitalter des Luftelements zu verschieben. Das Erdelement steht für die äußerste Verkörperung aller Formen des manifestierten Lebens, seien es Landschaften, Steine, Flüsse, Pflanzen, Menschen usw. Wir alle erhielten eine ausgeprägte und relativ feste Form. Das Luftelement dagegen repräsentiert das Zeitalter, welches von der Qualität des Bewusstseins beherrscht wird, und damit von der Qualität des Allverbundenseins, der Freiheit des Ausdrucks und Multidimensionalität. Die Ströme des Luftelements können sich frei bewegen, wohin ihr innerer Ruf sie führt.

Als Folge dieses Übergangsprozesses sehen wir auf der einen Seite den Kollaps der natürlichen Umwelt, während wir auf der anderen bereits eine Art von neuer Raumstruktur wahrnehmen können, die auf den subtilen Ebenen der Existenz erscheint. Diese Raumstruktur kann als die zukünftige Verfassung des planetarischen Umfelds verstanden werden. Der parallele Zusammenbruch der sozialen und politischen Sicherungssysteme ist wie ein Aufruf für den Wandel unserer menschlichen Haltung gegenüber der Natur, der Erde, unseren Mitmenschen auf dem Planeten und gegenüber unserem eigenen Wesen.

Folgen wir dem sich bewegenden Fokus der Erde in ihrer Evolution durch die vier Elemente, können wir uns vorstellen, dass die erste Epoche dem Feuerelement entsprach, als die Schöpfung Gaias, die Erdseele, sich in Lichtpartikeln manifestierte. Dem folgte das Zeitalter des Wasserelements, als alle Aspekte des planetarischen Lebens als Information erschienen, die in Wassertropfen gespeichert wurde. Der griechische Philosoph Platon überlieferte uns dessen Namen als »Atlantis«, die Bibel erzählt von der großen Flut, die Städte und menschliche Kulturen verschlang. Das Bild der großen Flut kann interpretiert werden als das planetarische Leben, das sich in Wasserkristallen manifestiert. Selbst jetzt besteht der menschliche Körper hauptsächlich aus Wasser.

Die nächste Epoche der Inkarnation Gaias ins Erdelement bedeutet, dass wir alle im Prozess der Verkörperung (Materialisation) die dichteste Form unserer Existenz erreichten. Hier sind wir nun seit Jahrtausenden zusammen mit Pflanzen, Tieren und Steinen verkörpert in der physischen Form. Die mechanistische Kultur des letzten Jahrhunderts repräsentiert ihren dichtest möglichen Ausdruck. Bevor wir so dicht wie ein toter Körper werden, sollten wir unseren Geist und unsere Herzen für die erhabene und Freiheit fördernde Epoche des Luftelements öffnen. Kybernetik, Internet und das Ideal der Menschenrechte sind Hinweise darauf, dass das Element des Bewusstseins bereits hinter der Bühne der modernen Welt aktiv ist.

Gaia Touch Übung*, um sich auf die neue Epoche des Luftelements einzustimmen

Um euch eine Übung zu präsentieren, die hilft, euch mit der Epoche des Luftelements zu verbinden, welches das kommende Zeitalter prägen wird, muss ich euch zunächst die kreative Kraft eurer Hände bewusst machen. Ausführlich habe ich das in meinem Buch »Universum des menschlichen Körpers« dargestellt. Menschliche Hände repräsentieren ein Fraktal – ein holographisches Bruchstück – von Gaias Schöpfung. Welch ein Geschenk, dessen wir Menschen uns meist nicht bewusst sind!

Die vier Finger stehen für die vier Elemente und die damit verbundenen Evolutionen:

- Der Zeigefinger vertritt das Wasserelement und die Pflanzenwelt.
- Der Mittelfinger steht für das Feuerelement und die Tierwelt.
- Der Ringfinger repräsentiert das Erdelement und die Mineralien.
- Der kleine Finger steht für das Luftelement und die menschliche Evolution.

Aber alle vier Finger (die vier Elemente) sind zu wenig nütze, wenn sie nicht mit dem fünften Element, das durch den Daumen repräsentiert wird, zusammenarbeiten. Der Daumen steht für die sogenannten elementaren Welten Gaias, die ihre Schöpfung von innen her in Bewegung setzen.

Jetzt sind wir bereit für die Übung.

- Um die alte Körperstruktur der Erde, die auf dem Element Erde basiert, darzustellen, sollten die Hände eine Kugel bilden, indem sich die entsprechenden Fingerspitzen und auch die Daumen der beiden Hände berühren. Auf diese Weise erhalten wir eine Kugel, die einen fest geschlossenen Charakter hat, ähnlich dem Ball der Erde, wenn er als ein kugelförmiges Objekt betrachtet wird, das sich um die Sonne dreht.

* Allgemeine Hinweise zu den Gaia Touch Übungen finden Sie im Anhang ab Seite 201.

- Um den Prozess fortzusetzen, zur Bildung einer neuen mehrdimensionalen Körperstruktur der Erde, müssen wir eine Hand im Uhrzeigersinn und die andere gleichzeitig gegen den Uhrzeigersinn drehen (die Fingerspitzen berühren sich dabei), bis wir folgende Fingerkonstellation erreicht haben:
- Beide Fingerspitzen der kleinen Finger berühren den jeweils gegenüberliegenden Daumen der anderen Hand. Die anderen – jeweils drei Finger einer Hand – sind auf den offenen Raum gerichtet, nach links und rechts. Statt eines geschlossenen Balls (als Repräsentant des »alten« Körpers) haben wir nun eine offene multidimensionale Struktur, die es dem Atem der Erde und des Universums ermöglicht, hindurchzuströmen.
- Die Verbindung zwischen den beiden Daumen und den kleinen Fingern steht für die neue treibende Kraft hinter der menschlichen Entwicklung und der Evolution Gaias. Sie steht auch für die Kraft des Bewusstseins (die kleinen Finger), gekoppelt mit der Inspiration der urbildlichen – kausalen, archetypischen – Welten Gaias (die Daumen), welche die Lebensprozesse auf der Erde von innen her lenken.

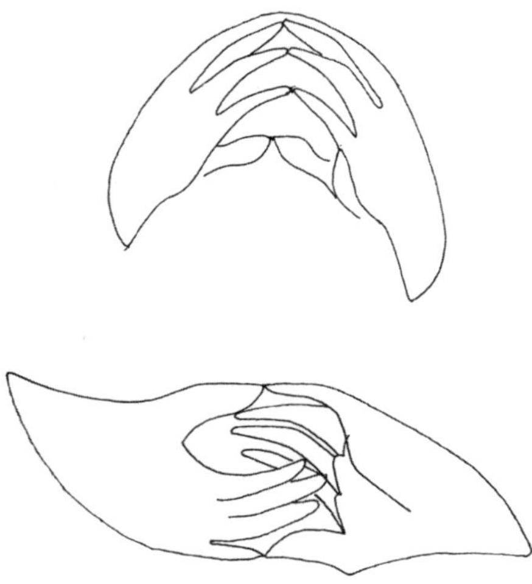

Gaia Touch Übung, um sich auf die neue Epoche des Luftelements einzustimmen

2

Die neue Erde existiert jenseits von exklusiv rationalen Erklärungen

Ich muss zugeben, dass die obige Erklärung zu den gegenwärtigen Erdwandlungen mit Absicht auf eine logische Art und Weise formuliert ist, so dass sie relativ leicht vom rationalen Verstand verdaut werden kann. Aber in Wirklichkeit kann der die Erde verändernde Prozess mit logischen Erklärungen nicht vollständig erfasst werden. Die Hilfe der rechten Gehirnhälfte, die für die intuitiven und imaginativen Kräfte des menschlichen Bewusstseins steht, ist unumgänglich. Die Erdwandlungen des 21. Jahrhunderts können am besten als ein »alles auf den Kopf stellender Prozess« beschrieben werden.

Das ist einer der Gründe, warum ich parallel zu den logisch zugänglichen Erkenntnissen auch die Sprache der Träume in den Prozess einbringe, außerdem Zeichnungen, Imaginationen und die Körpersprache der Gaia Touch Rituale. Durch die Bilder, die meinen Träumen entspringen, oder die Zeichnungen kombiniert mit korrespondierenden Hand- oder Körperbewegungen hoffe ich die Botschaft auf eine holistische Art und Weise zu übermitteln, so dass neben der linken auch die rechte Hemisphäre des Bewusstseins Nahrung erhält.

Ich glaube, dass ohne eine richtige Verkörperung des neuen Entwicklungswegs Gaias – wobei Verkörperung hier gleichbedeutend mit unserer Teilnahme an diesem Prozess ist – wir kaum eine Chance haben, der Erde ins 22. Jahrhundert zu folgen. Vielleicht müssen wir den Planeten verlassen, um einen neuen Stern zu finden. Gibt es in unserer Nachbarschaft einen Planeten von solcher Schönheit und Vollkommenheit wie die Erde? Ich bezweifele es.

Die nicht-logische Seite der gegenwärtigen Erdwandlungen mag am besten durch einen meiner Träume aus dem Jahr 2014 ausgedrückt werden.

Ich fahre mit meinem Fahrrad an einem Flughafen vorbei. Plötzlich sehe ich ein dunkelblaues Flugzeug auf dem Rücken fliegend, während es sich der Piste nähert. Ich bin entsetzt: Das wird einen schweren Unfall geben! Es handelt sich um ein Passagierflugzeug; aber ich kann den Namen der Fluggesellschaft nicht entziffern. Ich bin kurz davor, einen Rettungsdienst zu rufen, kann mich aber nicht an die Telefonnummer erinnern.

Dann sehe ich ein zweites Flugzeug, wie es ebenfalls auf dem Rücken fliegend auf derselben Piste landet … und dann noch eins und noch eins – am Ende sind es insgesamt zwanzig. Und währenddessen passiert nichts Dramatisches. Sie alle ziehen an mir vorbei, ganz und unversehrt.

Nach der Abfolge von Flugzeugen radelt eine Reihe von sportlich aussehenden Fahrradfahrern auf die Piste. Sie sind tief über ihre Fahrräder gebeugt, so dass ihre angespannten Rücken unübersehbar sind. Ihre Kleidung ist eine leuchtende und fröhliche Mischung von Farben. Hinter ihnen marschiert eine ganze Menge von Leuten mit aufrechter Haltung.

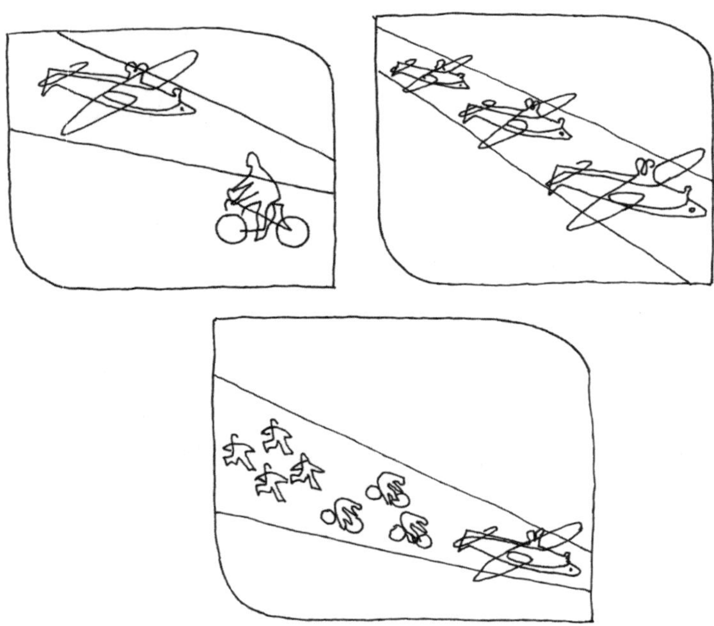

Traum von den Flugzeugen, die auf ihrem Rücken landen

Verbunden mit dem Traum möchte ich betonen, dass die Ausdrücke »Wandel« oder »Transformation« nicht wirklich passend sind, um zu beschreiben, was mit unserem Planeten in dieser Zeit vor sich geht. Der angemessene Ausdruck wäre »Umwandlung«, was die alchemistische Idee mit dem Prinzip von »etwas aus der etablierten (gängigen) Spur« zu bringen, beinhaltet. In unserem Fall sind die auf dem Rücken landenden Flugzeuge, ohne dabei auseinanderzubrechen, das geeignete Symbol. Die normalen Muster unserer Realität werden auf den Kopf gestellt. Für einen Moment verlieren wir den Grund unter den Füßen. Das Ziel der ersten Phase des Umwandlungsprozesses ist erreicht.

Die sich einwärts über ihre Vehikel beugenden Fahrradfahrer repräsentieren die zweite Phase. Die Sportler bedienen ihre Räder wie Zentrifugen – eine Zentrifuge, die das Alte ausspeit und das Neue einspeist. Die farbenfrohen Kleider stehen für die irdischen und kosmischen Kräfte, deren positive Wirkung in den Prozess hineingezogen wird.

Die aufrecht marschierenden Männer hinter ihnen stehen für die dritte Phase des Prozessverlaufs. Sie gehen aufrecht als Ausdruck ihrer durch den planetarischen Umwandlungsprozess gewonnenen neuen Identität.

Das folgende Gaia Touch Ritual mag helfen, wenn es über eine gewisse Zeitspanne regelmäßig ausgeführt wird. Es lehrt den Körper und den Geist zwischen beiden Gehirnhemisphären eine Synthese herzustellen und damit den logischen und den nicht-logischen Weg der Existenz zu verbinden. Diese Erfahrung kommt zustande durch die Bewegung beider Hände – linker und rechter – in einem Kreis, so dass sie sich ständig entlang ihrer Kanten berühren.

Durch die spezifische Körperkonstitution ändert der Kreis unvermeidlich seine Form, indem er sich einmal nach innen, dann wieder nach außen bewegt. Das bedeutet, was außen von uns ist, ist gleichzeitig in uns. Lasst es uns versuchen:

Gaia Touch Hand-Ritual,
um das Erschaffen des neuen Raums zu fördern

- Beginnen wir mit offenen Handflächen, wobei eine Hand nahe an die andere gesetzt wird, so dass sich beide an den Rändern ihrer Innenseiten berühren. Die Fingerspitzen sind nach außen und vorne gekehrt.
- Nun beginnen wir entlang der sich berührenden Konturen der Hände diese durch eine gleitende Bewegung nachzuvollziehen, ohne den Kontakt zwischen ihnen ganz zu verlieren. Ein Kontaktpunkt entlang der Umrisse der Hände bleibt immer erhalten.
- Zuerst lösen wir die seitliche Berührung der Hände entlang der Finger, während sich der Fokus des Kontaktpunkts entlang der Handballen verschiebt, so dass die Hände sich drehen und die Handflächen am Ende nach unten zeigen.
- An diesem Punkt müssen wir die Arme anheben, um die Übung weiterführen zu können: Wir drehen beide Hände nach innen, bis die Fingerspitzen auf unseren Körper gerichtet sind.

Gaia Touch Hand-Ritual, um das Erschaffen des neuen Raums zu fördern

- Jetzt führen wir die ursprüngliche kreisförmige Bewegung entlang der Konturen der Hände – jetzt auf der Höhe der Fingerspitzen – fort und kommen so wieder zur ursprünglichen Position zurück, sobald die Handflächen wieder nach oben geöffnet sind und die Fingerspitzen vom Körper weg nach vorne zeigen.
- Die Bewegung verläuft im Kreis und kann nach Bedarf auch mehrere Male wiederholt werden.

Die Unzulänglichkeit des logischen Denkens ist die Folge der Distanz zwischen dem Subjekt und dem Objekt unserer Betrachtung, die der Verstand für seine Funktionsweise verlangt. Indem wir die Welt und ihre Phänomene außerhalb unseres Selbst wahrnehmen, können wir sie verstehen – doch unglücklicherweise bleiben wir damit außerhalb des Lebensflusses, den die gegebenen Phänomene verkörpern. Das Beharren auf den Verstand als den einzig gültigen Weg des Denkens treibt das menschliche Individuum mehr und mehr in die Trennung von allen anderen Aspekten und Lebensformen, sich selbst eingeschlossen.

Um mehr zu sein als eine intelligente Maschine, müssen wir unsere Fähigkeiten einer nicht-logischen »verrückten« Denkweise wieder neu entdecken. Wenn wir diese integrieren, sollten wir in Interaktion mit unseren auf Vernunft basierten Wahrnehmungen und Entscheidungen durchs Leben gehen. Beide Seiten unseres Bewusstseins können sich ergänzen und sogar einander inspirieren.

3
Ökologische und soziale Herausforderungen von der archetypischen Ebene her angehen

Ein Traum, den ich im Jahr 2008 in Belgrad träumte, macht deutlich, dass der von unserer post-modernen Zivilisation besetzte Raum zu eng geworden ist, um eine weitere holistische Entwicklung der menschlichen Kultur zu ermöglichen. Die Kenntnis, wie wir all die verschiedenen Aspekte der lebendigen Realität manipulieren können und sie oft genug für selbstsüchtige Zwecke ausbeuten, wird jeden Tag aufs Neue perfektioniert. Das trifft die Wesen unserer parallelen Evolutionslinien wie Pflanzen, Tiere, Mineralien oder Mikroorganismen schwer, genau wie unsere Mitmenschen, die Unterdrückung und Ausbeutung erfahren. Unter solchen Bedingungen kann kein lebendes Wesen sein Leben frei genießen, noch die Lektionen der Schöpfung begreifen, die Gaia lehren könnte.

In meinem Auto fahrend, befinde ich mich auf einem schmalen, mit Verkehr überfüllten Platz, wo ich wenden soll. Dieser Vorgang erweist sich als so schwierig, dass ich anfange, an meiner Fähigkeit, ein Auto zu fahren, zu zweifeln. Einige Male stoße ich gegen vorbeifahrende Autos. Besonders beschämend ist der Moment, als ich einen Fußgänger streife. Das Schlimmste kommt jedoch noch, als das Auto plötzlich stehenbleibt, weil das Benzin aus ist.

Während ich weiter versuche, es wieder in Gang zu bringen, bemerke ich plötzlich vor meiner Stirn eine Reihe von Figürchen, die vom Rand der Windschutzscheibe herabhängen und die ich niemals zuvor gesehen habe. Ihrer Form nach erinnern sie an Menschen. Ich höre meine Intuition flüstern, ich solle eines der Figürchen umdrehen und das Auto werde von selbst starten und losfahren. Das Problem ist, dass ich keine Ahnung habe, welche der Figuren wohl die richtige ist.

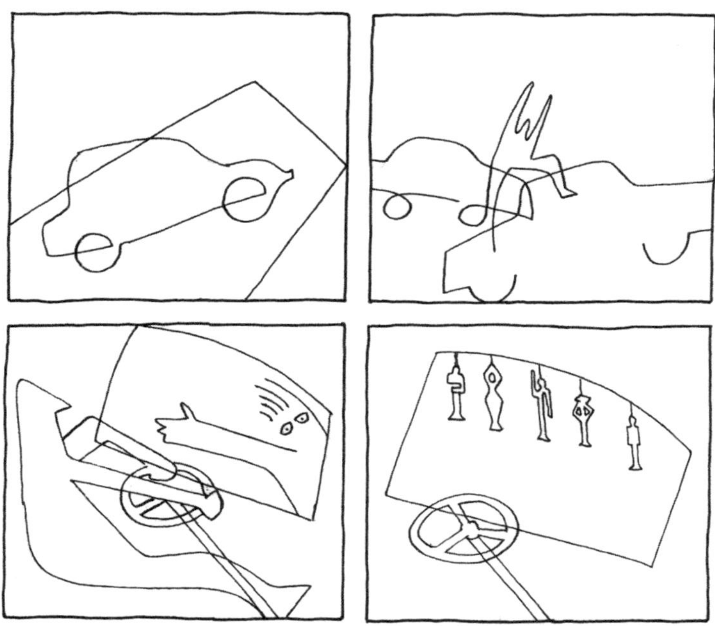

Der Traum von den geheimnisvollen Figuren

Der erste Teil des Traumes bedarf keiner weiteren Erklärung – aber der zweite Teil ist herausfordernd. Er besagt, anstatt ausschließlich auf der materiellen und rationalen Realitätsebene nach Lösungen für die angehäuften ökologischen, sozialen und politischen Probleme zu suchen, sollten wir uns anderen Dimensionen von Raum und Zeit öffnen, die unser moderner Verstand ignoriert. Meistens werden diese archetypisch oder kausal genannt.

Die kausalen Ebenen, die sich sozusagen im Rücken der manifesten Realität befinden, kennen andersartige Gesetze, Lebensprozesse zu lenken. Sie werden durch die Intuition des Fahrers, die auf die mysteriösen Figuren verweist, als reale Möglichkeit herausgestellt, die Probleme mit dem Auto und dessen Motor zu lösen. Diese Intuition würde vom rationalen Verstand natürlich als Unsinn angesehen werden. Dennoch bestätigt der Traum, dass eine tiefere Ebene der Realität existiert, wo die Phänomene der manifesten Welt in einem Netzwerk von archetypischen

Mustern verwurzelt sind. Indem wir uns auf diese Ebene einschwingen und mit ihr zusammenarbeiten, sollte es möglich sein, die verkörperte Welt zu bewegen und zu entwickeln. Diese Archetypen – heutzutage sprechen wir von Matritzen – sind jedoch nicht bloß geometrische Muster, sondern lebende Wesen, so wie jemand, der bewusst den Fluss des Lebens von einer anderen Ebene der Existenz her begleitet und seiner Essenz näherbringt. Deshalb erscheinen Matritzen in unserem Traum als Figuren. Heutzutage werden sie auch oft Devas genannt, besonders wenn die Archetypen der verschiedenen Pflanzen gemeint sind.

Was der Traum uns letztendlich übermitteln möchte, ist die Tatsache, dass der moderne Mensch die Fähigkeit der Zusammenarbeit mit den kausalen Welten verloren hat. Die folgende Übung kann helfen, uns wieder mit den kausalen Dimensionen zu verbinden, wo die Urgründe unserer manifesten Welt pulsieren. Für diesen Zweck bedient sich die Übung der bipolaren Konstitution unseres Körpers.

Die Vorderseite unseres Körpers mit seinen fünf Sinnen ist der verkörperten Welt gegenüber geöffnet, während seine Rückseite, für unsere Augen nicht wahrnehmbar, für die kausale Hälfte der Realität steht. Hier ist mein Vorschlag für die Übung, die auch wie ein Gebet ausgeführt werden kann.

- Sitzend oder stehend solltest du die Vorstellung hervorrufen, rückwärts zu gehen. Mache den ersten imaginativen Schritt rückwärts, indem du mit dem linken Fuß anfängst, und mache danach eine kurze Pause.
- Dann mache in derselben Weise einen zweiten Schritt zurück und auch noch einen dritten. Die Übung ist effektiver, wenn du die Schritte in deiner Vorstellung machst, weil in Wirklichkeit bewegst du dich durch mehrere Dimensionen deines Bewusstseins – aber wenn du möchtest, kannst du dich parallel dazu auch mit deinem Körper bewegen.
- Nachdem du die drei Schritte rückwärts gemacht hast, solltest du einen horizontalen Lichtstrahl und Liebe von deinem Herzzentrum rückwärts zur Unendlichkeit schicken, um dich mit dem göttlichen Urgrund von allem zu verbinden.

- Mache wieder eine kurze Pause, und dann beginne dich vorwärts zu bewegen. Die drei Schritte nach vorne sollten immer mit dem rechten Fuß beginnen.
- Zum Schluss bist du wieder im eigenen Körper angekommen – hoffentlich als eine etwas veränderte Person. Nimm dir Zeit, die neue Qualität deines Wesens – jetzt wieder mit der Quelle der Realität verbunden – zu spüren. Es kann nötig sein, die Übung über eine bestimmte Zeitspanne zu wiederholen, um den Bruch zu transzendieren, den der moderne Verstand verursacht hat, um uns von den unsichtbaren Welten »hinter unserem Rücken« abzuschneiden.

4
Die subtilen Kräfte der Drachen und ihr lebensspendender Atem

Volkssagen der westlichen Kulturen erzählen von Drachen als gefährlichen oder sogar blutdürstigen Wesen, die unter der Erde leben. Die moderne Wissenschaft präsentiert uns einen anderen kaum sympathischeren Aspekt der urzeitlichen kreativen Kräfte Gaias, indem sie mit der Atomkraft experimentiert und schreckliche Atomexplosionen auslöst. In beiden Fällen fehlt die Verehrung für die welterschaffende Rolle der Drachen, wie sie uns aus ostasiatischen Kulturen bekannt ist.

Der folgende Traum vom 25. Dezember 2010 drängte mich dazu, die Aufgabe der Drachen bezüglich der Erde und ihre Widerspiegelung im menschlichen Bewusstsein zu überdenken.

Wir haben einen Haufen getrockneter Baumstämme am Rand unseres Waldes aufgeschichtet, um sie zu unserer Wohnstätte zu transportieren und dort zum Heizen in handliche Stücke zu schneiden. Sie sind in mehreren Bündeln zusammengebunden. Der Laster kommt und beginnt sie aufzuladen. Erst jetzt fällt mir auf, dass die Baumstämme getrockneten Drachenleibern ähnlich sehen.

Mit meinen Augen verfolge ich den Lastwagen auf seinem Weg zu unserem Haus – und stelle fest, dass der Fahrer die richtige Abzweigung verpasst hat und nun in eine falsche Richtung fährt.

Während ich hinter dem Laster herrenne, um ihn zu stoppen, stelle ich plötzlich fest, dass ich mich in einem Hain mit wundervollen Bäumen befinde, eingetaucht in einer feengleichen Atmosphäre. Als ich mich umblicke, entdecke ich zwischen den Bäumen verteilt Springbrunnen, die kristallklares Wassers versprühen. Zu meiner Überraschung bilden die Brunnenköpfe offensichtlich die Form von Drachenköpfen.

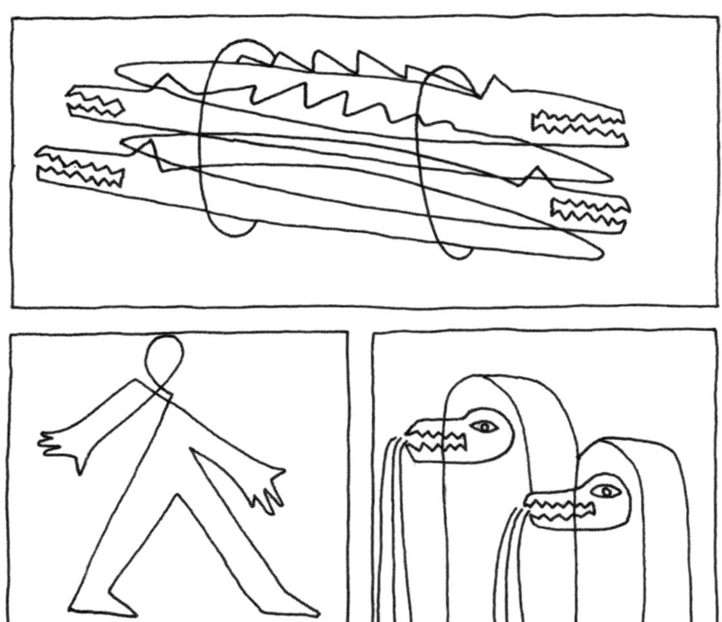

Der Traum von den friedvollen Drachen

Der Traum machte mir bewusst, dass die Drachen von ihren überkommenen Mustern, die sie in die Rolle von Ungeheuern drängen, befreit werden müssen. Stattdessen hatte ich sie als ruhige und friedfertige, ursprüngliche Wesen der urzeitlichen Lebenskraft kennengelernt. Aber es hat nicht viel Sinn, an der Transformation der bösen Vorstellungen von Drachen zu arbeiten, wenn ihr Beitrag zur Schöpfung der Erde und des Universums – besonders in dieser Zeit großer Veränderungen – nicht begriffen wird.

Seit ich diesen Traum geträumt habe, sind acht Jahre vergangen. Während dieser Periode habe ich fast ständig im Feld der Landschaftsheilung gearbeitet und erlebte unzählige Begegnungen mit der Präsenz von Drachen. Allmählich musste ich mir eingestehen, dass Drachen – indem sie die urbildlichen schöpferischen Wirkkräfte von Gaia verkörpern – die Welt, in der wir alle leben, verantworten, damit diese existieren, atmen und lebendig sein kann.

Eine solche Erkenntnis hat nicht das angemessene Gewicht, solange der menschliche Verstand daran festhält, dass das Universum in einer fernen Vergangenheit entweder durch den Big Bang oder durch Gottes Hand erschaffen wurde. Diese Art von Glauben ist das Ergebnis rationaler oder religiöser Ideen, die die Verbindung zur lebenden Realität verloren haben – die nur im gegenwärtigen Moment existieren kann, während Vergangenheit und Zukunft mentale Konzepte darstellen.

Meine Wahrnehmung der Realität gekoppelt mit meiner Intuition sagt mir, dass der Realitätsraum jeden Moment neu erschaffen und gleichzeitig auch wieder zersetzt wird; dieser Prozess geht auf all den verschiedenen Ebenen der Existenz vonstatten. Ebbe und Flut der Schöpfung wird hervorgerufen von Drachenkräften und rhythmisch gelenkt von ihrem Gaia-Bewusstsein. Mit Ehrfurcht blicke ich auf die Schöpfung einschließlich meiner Umwelt, wie sie sich zersetzt und – während sie beginnt zu verschwinden – in einer leicht veränderten Form schon wieder neu nachgebildet wird.

Was für eine gigantische Bewegung! Während das Hologramm der Welt und ihrer Wesen sich in jedem Moment gen Null verschiebt, werden sie alle gleichzeitig neu erschaffen.

Und wie heilig ist Gaias Bewusstsein, das nie aufhört, diesen Eingangsimpuls loszulassen und wieder und wieder elementare (grundlegende) Neuheiten inspiriert, um sie in die welterschaffende Bewegung hineinfließen zu lassen.

Um die schöpferische Rolle der Drachen zu erfahren, müssen wir von der makrokosmischen Ebene zum Horizont der menschlichen Existenz hinabsteigen. Das Gaia Touch Kosmogramm, das ich vorstellen möchte, hat zum Ziel, die Drachenkraft im Innern des menschlichen Körpers und Bewusstseins zu erfahren und zu verstärken. Ursprünglich war es ein Geschenk der schweizerischen Stadt Basel, die in ihrem Namen die Präsenz eines Drachenvogels versteckt, der »Basilisk« heißt. Als ich eine seiner Statuen in Basel anschaute, machte mich der Drachenvogel auf einen roten Punkt auf seinem Schwanz und einen weiteren an seiner Kehle aufmerksam. Ich verstand, dass die Drachenkraft nicht nur dafür verantwortlich ist, uns am Leben zu erhalten, sondern auch fähig ist, menschliche Kreativität zu unterstützen – dafür steht das Symbol der Kehle als Quelle des schöpferischen Wortes.

Später wurde das Ritual erweitert, so dass auch die kosmische Drachenwirkung mit einbezogen wurde.

Gaia Touch Ritual, um sich mit der inneren Drachenkraft zu verbinden

- Im Stehen bringe deine Hände hinter deinen Rücken und bewege sie dreimal so wie ein Drache seinen Schwanz langsam wellenartig bewegen würde.
- Dann bringe die Hände an deinem Steißbein zusammen, um die Verbindung deines Körpers mit der Drachenkraft zu bestätigen.
- Nach einer kurzen Pause führe deine Hände entlang deines Körpers nach oben (berühre den Körper dabei), bis die Finger beider Hände sich vor deiner Kehle berühren.
- Während du mit deinen Händen nach oben gleitest, beuge deinen Kopf nach hinten, um den Kehlkopf für die aufsteigende Drachenkraft zu öffnen.
- Nun, wo dein Kopf nach hinten gebeugt ist und die Hände mit den Armen vor deiner Kehle einen Kreis bilden, solltest du dir bewusst machen, dass die urbildnerischen Kräfte von Gaia in Gestalt der Drachenkräfte in schöpferische Impulse umgewandelt werden.
- Nach einiger Zeit löse deine Hände voneinander und strecke sie mit deinen Armen zusammen aus. Dabei können die Drachenkräfte in die Welt fließen und den schöpferischen Prozess unseres Heimatplaneten unterstützen.
- Als nächstes sollte die Verbindung mit dem kosmischen Drachen hergestellt werden. Bringe deinen Kopf in eine aufrechte Haltung und positioniere beide Hände, deren Finger sich leicht berühren, wie ein Dach über deinen Schädel.
- Um die Ebene des kosmischen Drachen zu erreichen, musst du mit den so verbundenen Händen drei »Stockwerke« nach oben fahren. Zähle dabei: Eins, zwei, drei.

- Nachdem du so hoch wie möglich »gefahren« bist, öffne deine Hände, strecke deine Finger vertikal nach oben aus und bewege sie sehr schnell, als ob du die Präsenz der kosmischen Drachen damit anziehen wolltest.
- Jetzt solltest du die Berührung mit dem kosmischen Drachen mit deinen zusammengedrückten Händen nach unten bringen: erst in den Bereich deines Kehlkopfs und dann deines Steißbeins.
- Wie am Anfang der Übung können wir jetzt wieder die Hände in Verlängerung des Steißbeins wie einen Drachenschwanz wellenförmig auf und ab bewegen.
- Wiederhole die Übung dreimal und bleibe dann mit geschlossenen Augen stehen, um die Erfahrung zu verinnerlichen.

Gaia Touch Ritual, um sich mit der inneren Drachenkraft zu verbinden

Wie ihr bemerkt habt, habe ich durch das Gaia Ritual die Idee der kosmischen Drachen eingeführt. Ich identifiziere sie mit jenen mächtigen Wesen des Universums, welche die christliche Theologie als die zum höchsten Rang zählende Engelshierarchie kennt und die sie Seraphim, Cherubim und Throne nennt. Sie sind Schöpfer des kosmischen Raumes und des das Universum durchdringenden Netzwerks von Licht – erneuert in jedem folgenden Moment –, dabei auch die Evolution des Sternensystems und seiner Kulturen fördernd. Auf der mikroskopischen Ebene unseres Heimatplaneten korrespondiert diese engelhafte Heerschar mit der Drachenfamilie von Gaia.

Drachen sind Engel der Erde und Engel sind die Drachen des Universums.

Manche Menschen werden Probleme haben, den obigen Satz auszusprechen. Der Grund dafür ist, dass die Engel der Erde vom westlichen Bewusstsein durch den Mythos des Drachentöters verflucht wurden, wie zum Beispiel in der deutschen Mythologie vom Helden Siegfried oder in der christlichen Weltanschauung vom Heiligen Georg. Die patriarchalen Gesellschaften könnten die Erde nicht besetzen und beherrschen, wenn nicht die urwüchsigen schöpferischen Kräfte Gaias unterdrückt und als böse deklariert würden. Um an der Umwandlung des Musters des Drachentöters zu arbeiten, benutze ich folgende Übung, sei es individuell oder bei der Arbeit mit Gruppen:

Wenn du an einen Ort kommst, der von der intensiven Präsenz eines Drachens geprägt ist – das kann eine Gebirgskette oder eine Reihe von Hügeln in Form eines Drachenrückens sein, ein Fluss oder eine Höhle – mache dir die Möglichkeit bewusst, dass du zur Eliminierung dieses lebensbedrohlichen Musters beitragen kannst. Mache eine Geste, als würdest du ein Fraktal (ein holographisches Stück) deiner Herzqualität in die Hand nehmen und gehe mit dieser Hand und deiner Intention tief in das Innere des Orts, um damit die Präsenz des Drachens zu berühren. Kehre zurück und beobachte im Innern den Umwandlungsprozess.

Der Drachen vom Ljubljana Schlossberg

5
Neue Lebensbedingungen werden entstehen – habt keine Angst!

Soweit wir die Menschheitsgeschichte der letzten zehn Jahrtausende kennen, gab es noch nie eine Periode, in der die Konzentration auf den materiellen Aspekt der Realität so extrem war wie heutzutage. Das Zeitalter des Erdelements hat seinen Höhepunkt erreicht. Das Ergebnis ist ein äußerst enger Raum von Realität, der alle anderen Dimensionen der Existenz ausschließt, besonders die sehr feinen Ebenen, die wir archetypisch, vielleicht auch spirituell oder kausal nennen.

Die unerwartete Folge dieses exklusiven rationalistischen Lebenskonzepts, das hauptsächlich von der modernen Wissenschaft (und der Ökonomie als ihr gehorsamer Diener) auf die Menschheit projiziert wird, ist ein Ausbruch von Interesse für zeitgemäße esoterische Lehren und spirituelle Traditionen der alten Kulturen.

Solch ein bipolares Feld, das zwischen Wissenschaft und esoterischem Wissen hin und her schwankt und in dem das moderne Bewusstsein gefangen ist, kann nicht gesund sein, weil es die zukunftsweisenden, von Gaia initiierten Prozesse versteckt, die völlig neue Lebensbedingungen erschaffen, die es noch nie zuvor gegeben hat. Sie werden sozusagen in den Untergrund gedrückt und von der überwiegenden Mehrheit der menschlichen Gattung nicht wahrgenommen und somit auch nicht akzeptiert, geschweige denn unterstützt, während sich zur gleichen Zeit die gegenwärtigen Lebensbedingungen auf dem Planeten verschlimmern.

Die Situation könnte wohl am besten durch einen Traum geschildert werden, den ich am 7. November 2017 träumte.

Wir sitzen in einem modernen, perfekt gestalteten Flugzeug und fliegen ungefähr 11.000 Meter über dem Boden.

Der Pilot kommt unerwartet aus dem Cockpit, geht zur nächsten Tür und beginnt sie zu öffnen. Wir sind erschüttert. Das ist Selbstmord!

Weil ich in der Reihe nahe der Tür sitze, kann ich draußen durch den Spalt der sich öffnenden Tür grünes Gras erkennen. Der Pilot sagt: »Es tut mir leid, Ihnen sagen zu müssen, dass wir eine Notlandung hatten.«

In dem Moment verwandelt sich die normale Flugzeugtür in eine altertümlich gleitende Tür, die aus schwerem durch Eisen verbundenes Eichenholz besteht. Mein Gefühl sagt mir, dass es wohl nicht einfach sein wird, sie zu öffnen.

Der Traum von der Notlandung

Das erste Bild bezieht sich auf den modernen Menschen, der die Fähigkeit verloren hat, die Realität in ihrer Ganzheit wahrzunehmen. Die Verbindung zur eigenen Intuition ist verlorengegangen. Wir sind abhängig von den Informationen offizieller Quellen. Als Folge davon wissen die Reisenden nicht, wie die aktuelle Realität (Situation) aussieht.

Als der Pilot jedoch persönlich erscheint und nicht mittels elektronischer Geräte spricht, verblasst die Illusion. Die Reisenden im Flugzeug erkennen die schockierende Wahrheit, dass sie sich nicht über den Wolken befinden, sondern dass das Flugzeug »Erde« schon im neuen Raum gelandet ist, den ich als die »multidimensionale Erde« bezeichne. Während wir noch immer glauben, uns durch die bis ins Detail bekannte und folgerichtig vertraute Erde zu bewegen, sind wir schon in einer neuen ziemlich unbekannten Realität gelandet.

Ich sehe die Verwandlung von der perfekt gestalteten Flugzeugtür in die rustikale Eichentürbarriere aus der letzten Traumsequenz als eine Warnung, die besagt, dass wir nach der ersten Erleichterung vom Schock der Notlandung nicht einfach aus der Illusion herausspringen und auf das grüne Gras der neuen Erde hinausgehen können.

Zweitens lässt die Eichentür uns erkennen, dass wir unsere menschliche Existenz nur dann in den neuen Raum der Realität integrieren können, wenn wir bereit sind, einige grundsätzliche Veränderungen in der Art und Weise, wie wir denken und wahrnehmen, vorzunehmen; das gilt auch für unser Verständnis der Essenz unseres Heimatplaneten.

Wir werden Wege finden müssen, wie wir das von verschiedenen Fachgebieten der modernen Wissenschaft gesammelte rationale Wissen – das nun Teil des menschlichen Erbes ist – mit der Weisheit verbinden können, die von ursprünglichen Kulturen und jenen Personen gesammelt wurden, die es sich selbst gestatten, die Liebe und Weisheit von Gaias Welten schon jetzt zu erfahren.

Was den modernen Menschen angesichts der neuen Verfassung der Realität so ängstigt, ist der erwartete Verlust von Stabilität, wie sie von der physischen Struktur unserer Umwelt bereitgestellt wird. Nun, da wir wissen, dass die physische Struktur der Welt auf der vom menschlichen Geist generierten Information basiert und diese von Generation zu Generation weitergereicht wird, könnten wir die Furcht vor dem neuen Raum eigentlich loslassen. Das ist jedoch nicht der Fall, weil die Menschen im allgemeinen die Fähigkeit verloren haben, die subtilen Dimensionen der kausalen Welt wahrzunehmen; und das sind genau diejenigen, welche die Stabilität innerhalb der neuen Gegebenheiten von Zeit und Raum garantieren könnten.

Stabilität unter den neuen Bedingungen könnte mit dem Stehen oder Gehen auf einer Wasseroberfläche wie einem See oder Teich verglichen werden. Warum? Die neue Realität muss flüssig und in permanenter Bewegung sein, um die subtilen Dimensionen der Existenz integrieren zu können, und gleichzeitig muss sie stabile Bedingungen für das Leben und ihre Wesen bereitstellen, so dass jeder sich sicher fühlt, um zu wachsen, sich zu verbinden und kreativ zu sein. Es ist eine offensichtlich nicht logische Situation, wovor der rationale Verstand sich außerordentlich fürchtet.

Physisch ist es in der Tat nicht möglich, auf dem Wasser zu gehen, es sei denn, du bist ein Heiliger. Aber wenn wir unsere Aufmerksamkeit von der physischen Ebene zur Ebene der schöpferischen Vorstellungskraft hin lenken – die beide auf zwei verschiedenen Fähigkeiten des Bewusstseins beruhen – ist das Gehen auf dem Wasser, ohne nass zu werden, möglich. Lasst es uns versuchen!

- Finde eine Wasseroberfläche, entweder einen Teich, einen See oder einen Fluss.
- Während du am Ufer stehst, solltest du dich in deiner Imagination auf der Wasseroberfläche positionieren. Es funktioniert nicht, wenn du in deiner Vorstellung einen Schritt vom Ufer auf die Wasseroberfläche machst, weil du dann zwei verschiedene Ebenen der Realität verwechseln würdest.
- Wenn du dich auf der Oberfläche des Wassers positioniert hast, solltest du dir Zeit nehmen, wahrzunehmen, wie es sich anfühlt. Dann mache einige vorsichtige Schritte nach vorne und genieße es, auf dem Wasser zu gehen.

Um ein Gefühl für die grundlegende Qualität des neuen Raums zu bekommen, sollte die Übung fortgesetzt werden. Entweder stehst du – wie oben vorgeschlagen – auf dem Wasser oder du sitzt zuhause und arbeitest ausschließlich mit deiner Imagination. Eine dritte Möglichkeit wäre die folgende: Du stehst am Ufer eines Gewässers, sei es ein Fluss, ein See oder das Meer:

- Beuge dich hinunter zur Wasseroberfläche und vollführe eine Geste, als ob du eine Hand voll Wasser schöpfst – ohne das Wasser körperlich zu berühren.
- Wirf das Wasser in die Luft, indem du mit einer großen Geste deine Hände öffnest. Lass Tropfen in der Luft stehen – das heißt, fühle dich nicht verantwortlich für die Einhaltung der Gravitationsgesetze.
- Beuge dich wieder und wieder hinunter und fahre damit fort, Wasser in die Umgebung zu sprenkeln, so dass sich überall im Raum Wassertropfen befinden.
- Mach eine Pause und lausche auf deine Gefühle und Einsichten.
- Stell dir vor, dass sich einige kleinste mineralische Teilchen in den Myriaden von Wassertropfen um dich herum befinden. Sie ermöglichen den Prozess der Materialisation.
- Und goldene Lichtstrahlen, die vom Kern Gaias ausstrahlen, reflektieren hier und dort auf den Wassertropfen. Sie inspirieren den Raum mit Bewusstsein.
- Lass keine Tropfen herunterfallen. Vielmehr sammle Erfahrungen, wie der zukünftige und bereits präsente Raum der Realität sich anfühlt.

Wasser in die Luft werfen

Was du erfahren hast, entspricht der sechsten Dimension der neuen Realität. Die sechste Dimension repräsentiert eine der drei Dimensionen, die für die manifeste Welt stehen. Vom Gesichtspunkt der sechsten Dimension aus gesehen, erscheint die Realität wie eine gigantische Wassersphäre, kombiniert mit Fraktalen der Mineralien und Informationen, die vom Herzen Gaias kommen.

Auf dieser Ebene kennen die Lebensphänomene noch keinerlei Form. Damit die Realität ihre entsprechenden Formen annehmen könnte, wäre es notwendig, dass das elementare Bewusstsein der Natur in den Prozess eintritt. Unzählige elementare Wesenheiten sind für die Gestaltung einzelner Erscheinungen innerhalb des wässrigen Hologramms verantwortlich. Die manifeste Welt erscheint nun zusammengeknüpft in ihren entsprechenden Formen. Die Übung geht weiter:

- Nachdem du die wässrige Atmosphäre, wie oben beschrieben, erschaffen hast, bringe deine Aufmerksamkeit in eines der kreativen Zentren in deinem Körper und halte den Fokus deiner Aufmerksamkeit dort fest verankert.
- Es kann das Herzzentrum sein, die Kehle oder vielleicht das Steißbein-Chakra oder das Zentrum der vollkommenen Anwesenheit hinter dem Nabel.
- Beobachte die folgenden Veränderungen im Innern des Raumhologramms und danke Gaia, dass sie dir zugesteht, Einsichten in ihren schöpferischen Prozess zu bekommen.

Mit der letzten Übung erreichten wir die Verschmelzung der vierten (elementaren) und der sechsten Dimension der neu verkörperten Realität. Diese Verschmelzung, so sie vollendet ist, repräsentiert die neu verkörperte Realität, die ihren Platz dann in der fünften Dimension findet. Die 5. Dimension kann als ein Substitut für die sogenannten »drei Dimensionen der materialisierten Welt« betrachtet werden, die normalerweise als Breite, Höhe und Tiefe des physischen Raums erklärt werden.

Aber denke nicht, das sei schon der gesamte multidimensionale Raum, der gerade erst im Prozess ist, zum Träger der auf die Zukunft hin orientierten Erdevolution zu werden. Es ist nur sein zentraler Teil, den schamanische Kulturen »die Mittelwelt« nennen. Auch die Dimensionen der kosmischen »Oberwelt« sollten dazugezählt werden, zusätzlich zu jener, die dem Kern von Gaia entspringen – diese sind in schamanischen Kulturen weltweit als »die Unterwelt« bekannt.

In dem Konzept des neuen Raums, den ich hier mit euch teilen möchte (und der im Anhang noch genauer erklärt wird), gibt es keine hierarchische Ordnung, wie sie vom schamanischen dreigliedrigen Weltschema vorgeschlagen wird. Die manifeste Welt befindet sich im Zentrum, während die Ober- und Unterwelt zwei verschiedene Aspekte der kausalen Dimensionen darstellen. Diejenigen auf der rechten Seite entstammen dem Kern des Universums und jene auf der linken haben ihren Ursprung im Zentrum der Erde.

6
Übungen der Wahrnehmung und der Kommunikation mit den Naturwelten

Das Geheimnis einer erfolgreichen Kommunikation mit Wesen der lebenden Umwelt ist ein einfaches: Sei präsent.

Menschen unseres Zeitalters, das von der Rationalität beherrscht wird, vergessen normalerweise, präsent zu sein. Die ständige Bewegung in der Abfolge mentaler Muster und sozialer Rollen lässt uns in einer Art energetischen Smogs verschwinden. Die Erdung im Lebensgewebe geht dabei verloren. Elementarwesen und Waldgeister beklagen, dass sie menschliche Wesen nicht wahrnehmen können, weil sie abwesend sind. Kein Wunder, dass Menschen diese umgekehrt auch nicht wahrnehmen können. Die Kommunikation zwischen der Menschheit und der elementaren Welt Gaias ist zerbrochen.

An diesem Punkt angekommen sollte das Bemühen, präsent zu sein, noch einmal verstärkt werden.

- Präsent zu sein heißt, voll und ganz im eigenen Körper anwesend zu sein – auch unterhalb der Knie hinunter bis zu unseren Fußsohlen. Du kannst es als eine besondere Qualität im Innern erspüren.
- Sagen wir, du spazierst in einer Landschaft. Präsent zu sein, heißt nicht nur, im eigenen Inneren präsent zu sein, sondern gleichzeitig auch mit dem Inneren der umgebenden Umwelt.
- Wenn du zum Beispiel in einem Wald spazierengehst, sei nicht nur mit deiner Seele vollkommen im Körper anwesend, sondern sei auch in der Sphäre deines Energiefeldes präsent, das einen Durchmesser von mindestens 20 Metern haben sollte.
- Halte wieder und wieder an und lausche nach innen, wie die elementare Welt um dich herum sich anfühlt – frage als nächstes, was sie dir mitteilen möchte.

Danach sollten wir das mentale Muster umwandeln, das der Wahrnehmung durch die fünf Sinne zugrunde liegt und von dir verlangt, zum Objekt deines Interesses eine Distanz einzuhalten – was praktisch bedeutet, deine Entfremdung vom lebenden Umfeld zu bestätigen.

Der benötigte Wandel kommt durch Übungen der Identifikation, in denen wieder und wieder nachvollzogen wird, wie Wahrnehmungen in ein logisches Verstehen der Erfahrung übersetzt werden können. Auf diese Art und Weise nehmen beide Hemisphären deines Bewusstseins an dem Erkenntnisprozess teil.

- Stehe neben einem Baum unter seiner Krone und stelle dir vor und empfinde, dass der Baum vor dir auch in deinem Innern steht (vergiss nicht, dass ein Baum auch Wurzeln hat).
- Sei dir sicher, dass der Baum (in deinem Innern und ohne dich) deine Erregung, liebevoll in deinem Körper gehalten zu werden, fühlen kann.
- Beobachte, was der Baum im Innern dir zeigen möchte, oder höre zu, was er dir zu sagen hat.
- Um dein Bewusstsein weit genug geöffnet zu halten, sei dir die ganze Zeit dessen bewusst, dass der Baum nicht nur in dir, sondern auch außerhalb deiner selbst existiert.

Hier ist eine weitere Variation:

- Während du unter einem Baum stehst, stelle dir vor, dass seine Wurzeln und die Krone verbunden sind und um dich herum eine Sphäre bilden.
- Wie fühlt es sich an, im Innern des Universums eines Baums zu stehen? Lass dich vom Baumgeist zu verschiedenen Orten seines Baumkönigreichs führen.

Wenn die Übungen für dich nicht funktionieren, dann erwäge die Möglichkeit, dass verschiedene Sequenzen deines Wahrnehmungsprozesses sich am falschen Ort befinden.

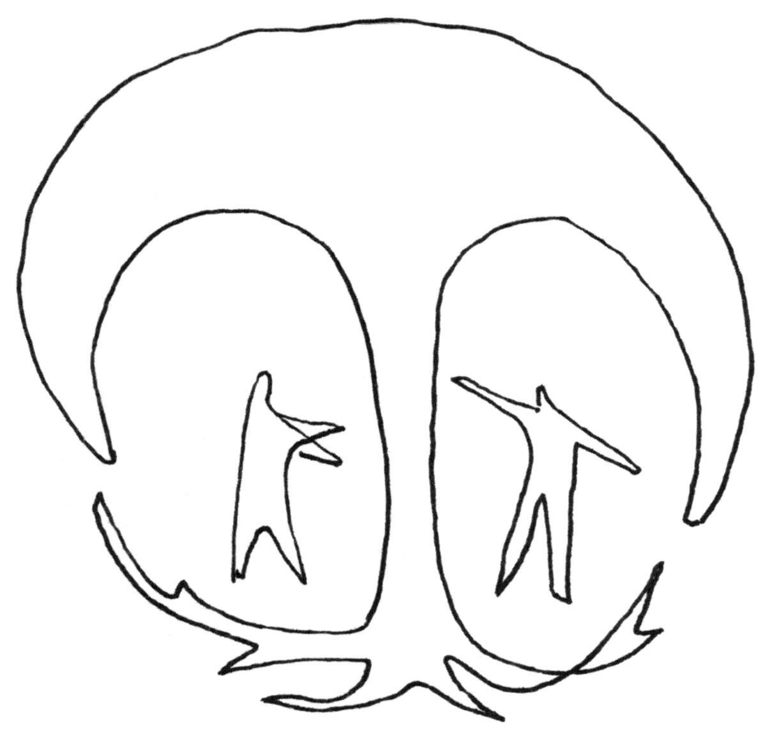

Unter der Krone eines Baums stehen

Um Lebensphänomene in ihrer Multidimensionalität wahrzunehmen, ist es unabdingbar, dass die eigene intuitive Sensibilität das Recht hat, als erste in den Wahrnehmungsprozess einzusteigen. Als nächstes sollte die intuitive Hemisphäre des Bewusstseins aktiv werden, um die wahrgenommenen Vibrationsmuster in Bilder, Gefühle und Einsichten zu übersetzen. Der logische Verstand sollte als letzter in den Prozess eintreten, um jene Bilder, Gefühle usw. zu deuten und sie in die Form von logischen Aussagen zu bringen.

Es ist eine Tragödie des modernen Menschen, dass er der rationalen Logik erlaubt, an die erste Stelle zu springen, sobald wir unsere Sensoren öffnen, um ein Phänomen in seiner Ganzheit zu erfassen. Da die Rationalität keine Mittel hat, um Wahrnehmungen dieser Art zu verstehen, erklärt sie diese für Unsinn und löscht sie augenblicklich aus dem menschlichen Gedächtnis. Die Menschen sagen dann: »Ich habe überhaupt nichts wahrgenommen.«

Um eine befriedigende Kommunikation mit Naturwesen zu erreichen, sollten wir unseren rationalen Verstand dazu anhalten, eine winzige Sekunde lang geduldig zu sein und der Intuition zu erlauben, mit ihrer Sensitivität voranzugehen. Im nächsten Moment, nach einer erfolgreichen Wahrnehmung, kann der Verstand anfangen, mit dem wahrgenommenen Material zu arbeiten und es in logische Botschaften zu übersetzen.

Um nicht zu viel zu reden, sollten wir mit einigen Wahrnehmungsübungen weitermachen. Lasst uns die Essenz eines Steins wahrnehmen.

- Vor einem Felsgestein stehend, solltest du das Steinwesen um Erlaubnis bitten, sein Universum zu betreten.
- Sei dir bewusst, dass du den Stein vor dir nicht direkt betreten kannst, weil du dich am materiellen Aspekt des Steins stoßen und unglücklich außen vor bleiben würdest.
- Bewege dich mit deiner Aufmerksamkeit um den Stein herum, um ein Gefühl dafür zu bekommen, wo du am besten eintreten könntest.
- Dann, deiner Intuition folgend, betrete die Sphäre des Steins in einer spiraligen Bewegung. Die Spirale wird irgendwo im Stein ihr Ende finden.

- Dann erlaube dem Stein, dass er dir die Ausdehnungen seines »Hauses« vorführt – von denen durchaus einige außerhalb seines materiellen Körpers positioniert sein könnten.

Ein anderes bedeutendes Thema, was wir ansprechen müssen, ist die Objektivität von holistischen Wahrnehmungen.

Die Forderung, dass jede Wahrnehmung einen objektiven Charakter haben müsse, wenn sie von irgendeinem Wert sein soll, ist ein Trick der rationalen Ideologie, um die menschliche Fähigkeit, das Leben und seine Lebewesen in ihrer Gesamtheit und ihrer wahren Essenz erfahren zu können, zu unterdrücken.

Jede Art von Wahrnehmung, sogar wenn körperliche Sinne dabei mitwirken, ist von subjektiver Natur, entweder erschaffen im Gehirn oder in Zusammenarbeit mit der eigenen Vorstellungskraft, die im Herzen verwurzelt ist. Die sogenannte »Objektivität« ist ein mentales Konzept, geschmiedet im Zeitalter eines gesteigerten Enthusiasmus für mechanistische Rationalität.

Jede Wahrnehmung ist ein Zusammenspiel zwischen der konkreten Präsenz eines Wesens oder Phänomens und dem Bewusstsein der wahrnehmenden Person. Zum Teil ist es objektiv, weil es mit der Präsenz von etwas Realem in Beziehung steht. Zum Teil ist es subjektiv aufgrund des Resultats des oben beschriebenen Wahrnehmungsprozesses. Seine Genauigkeit ist im wesentlichen von der Fähigkeit der betreffenden Person abhängig, die wahrgenommenen Lichtmuster in Bilder umzusetzen und sie entsprechend zu interpretieren.

Ich rate dazu, nicht über die Objektivität deiner Wahrnehmungen zu grübeln, vielmehr ihre Botschaften zu genießen und von ihnen zu lernen. Sei wahrhaft und frei von Ambitionen, etwas wahrnehmen zu wollen, was deine Wünsche widerspiegelt – und deine Wahrnehmungen werden ein Segen für dich und die wahrgenommenen Wesen sein.

Zögere nicht, zum Mitschöpfer der neuen Realität zu werden, was einen synergetischen (subjektiven wie objektiven) Charakter hat und so dem Leben erlaubt, frei zwischen allen Welten und Wesen zu fließen.

7
Die Erde gebiert ein Zeitalter des Friedens und der Koexistenz zwischen allen Wesen

Kranj, die Stadt meiner Geburt, diente im Jahr 2005 als Bühne für einen meiner Träume, der die anhaltenden Erdwandlungen zum Thema hatte. Kranj liegt nordwestlich von Ljubljana, der Hauptstadt der Republik Slowenien.

Die Geschichte dieses Traumes findet vor einer großen Höhle statt, die der Fluss Sava in einen großartigen Felsen hineingeschnitten hat, auf dem meine Heimatstadt steht. Im Jahr 2018, als ich gerade einen Workshop mit der urbanen Landschaft von Kranj vorbereitete, wurde mir durch eine Vision bewusst, dass jene Höhle in ferner Vergangenheit als Orakelplatz diente. Pilger kamen dorthin, um Einsichten in den Zweck und das Schicksal ihrer Inkarnation zu erlangen. Wie in schamanischen Traditionen weltweit üblich, war es ein Tiergeist, der sie in die inneren Räume des Felsens führte. Dort wurden ihnen Bilder gezeigt, die ihnen helfen konnten, eine Neuausrichtung für ihr Leben zu finden. Im Falle dieser Höhle war der Geistführer ein wunderschöner Hirsch. Die steile Straße, die heutzutage an der Höhle vorbeiführt, heißt sogar offiziell »Hirschhang«.

Vor dem Hintergrund dieser Geschichte verstehe ich den sich vor der Höhle abspielenden Traum als ein Orakel, das einen erfolgreichen und sicheren Ausgang des gegenwärtigen Umwandlungsprozesses der Erde bekräftigt.

Ich gehe den steilen Hirschhang zum Fluss Sava hinunter und bemerke ein ziemlich ramponiertes altes Auto, das vor der erwähnten Höhle auf der gegenüberliegenden Straßenseite steht. Der Fahrer, der offensichtlich stark betrunken ist, schläft an das Lenkrad gelehnt.

Ein Hund liegt heulend vor Schmerzen auf dem Rücksitz. Während ich an der Szene vorbeigehe, denke ich bei mir: »Der Fahrer sollte sich um den

Hund kümmern. Sein Leben ist beendet. Er sollte ihn wenigsten zu einem Tierarzt bringen, damit er eine tödliche Injektion erhält.«

Während ich das zu mir selbst sage, steigt der betrunkene Fahrer aus dem Auto, geht mit unsicheren Schritten zur hinteren Tür und beugt sich über den Hund. In dem Moment erkenne ich, dass es sich um eine Hündin handelt, die zu meinem Erstaunen gerade einen struppigen Welpen gebiert.

Im selben Moment öffnet die Hündin ihre Kiefer – ich bin schockiert – als ob sie drauf und dran wäre, ihren Welpen zu verschlingen. Stattdessen beginnt sie, ihn liebevoll abzulecken.

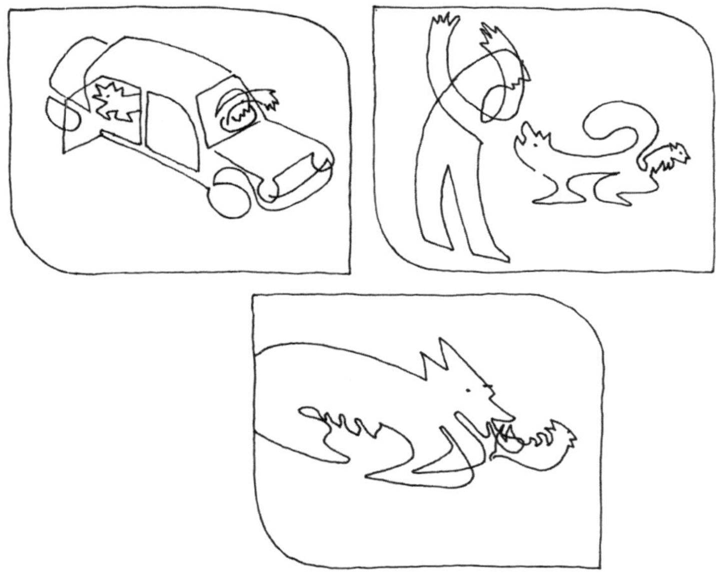

Der Traum von der Geburt eines Welpen

Es ist offensichtlich, dass das erste Bild des Traumes die aktuelle planetarische Situation beschreibt. Die Umweltbedingungen auf unserem Planeten sind zunehmend schmerzvoll für die Wesen und Familien der Natur. Die Menschheit – überladen mit Konflikten und Armutsproblemen auf der einen und übertriebenem Überfluss auf der anderen Seite – ist blind für das Fortschreiten des Umwandlungsprozesses, der die Richtung der planetarischen Evolution in seinen Grundzügen verändert.

Das zweite Bild zeigt einen überraschenden Wendepunkt. Der Fahrer, noch schlaftrunken, zeigt Interesse für den Zustand des Hundes – sprich unseres Heimatplaneten. Ich verbinde das Bild mit dem wachsenden Interesse für das Wohl der Natur, ihrer Wesen und Biotope und der Besorgnis über die drastischen Veränderungen in der Atmosphäre usw. Der positive Wandel ist das Ergebnis der freiwilligen Arbeit unzähliger Individuen, Gruppen und Institutionen, die selbstlos damit begannen, sich für Naturschutz zu engagieren und die Ideale ökologischer Gesundheit zu verbreiten.

Diese positiven Entwicklungen innerhalb der menschlichen Familie schufen geeignete Bedingungen für Gaia, um die neue Raum- und Zeitstruktur zu offenbaren, die wiederum die Möglichkeit öffnet, die Entwicklung in Richtung eines Zeitalters des Friedens und der Koexistenz zwischen allen auf der Erde sich entwickelnden Wesen in den unterschiedlichen Dimensionen der Existenz zu lenken. Der Welpe ist dabei, geboren zu werden.

Im Grunde wissen wir das alles schon. Was der besonderen Aufmerksamkeit bedarf, sind zwei Botschaften des Orakels, die versteckt in der Reaktion des Träumers auf die Szene, die sich auf der anderen Straßenseite abspielt, liegen. Die erste kann in meinen nicht ausgesprochenen Worten gefunden werden, die, wie ein Todesurteil klingend, an die gebärende Hündin gerichtet sind.

- Das Orakel verkündet, dass die Hoffnung niemals sterben darf, auch nicht in Momenten, wo die Welt scheinbar zusammenbricht. Das Gedankenmuster und die emotionale Haltung, die vorgibt, dass die Erde krank ist und das Leben im Begriff zu sterben, blockiert die Möglichkeit eines positiven Ausgangs des Umgestaltungsprozesses der Erde.

Die zweite Botschaft kann aus der angstvollen Reaktion des Träumers abgelesen werden, als die Mutter ihr Baby liebend berühren will.

- Das Orakel teilt uns mit, dass wir selbst beim Auftauchen äußerst dramatischer Momente im Erdwandlungsprozess nicht in Panik geraten sollten, weil der Prozess und jede seiner Sequenzen sich in der liebenden Umarmung der göttlichen Mutter entwickelt. Massiver Ausbruch von Angst könnte irreparablen Schaden für den Umwandlungsprozess der Erde hervorrufen.

Um den Anordnungen des Orakels folgen zu können, müssen wir die Fähigkeit unseres multidimensionalen Körpers darin trainieren, inneren Frieden zu halten, eine liebende Haltung gegenüber anderen Wesen zu entwickeln und die Qualität der Hoffnung in der menschlichen Seele zu bestärken.

Zu diesem Zweck kann ich ein Gaia Touch Körper-Ritual anbieten. Es wurde inspiriert vom Geist der Stadt Zürich. Es basiert auf der geometrischen Form der »Mandorla«. Die mandelförmige heilige Form entsteht, wenn sich zwei Kreise überschneiden. Zwei Elternkreise gebären ihr heiliges Kind, bestehend in der Form einer Mandorla.

Gaia Touch Ritual, um den eigenen multidimensionalen Körper zu öffnen

- Beginne die Übung, indem du deine Hände hinter dem Steißbein verbindest, um den unteren Winkel der Mandorla zu markieren. Dieser Punkt steht in Resonanz mit dem kosmisch femininen Prinzip, dessen Name Sophia ist – die Weisheit der Ewigkeit. Ihr Fokus sollte hinter dem Steißbein liegen, damit ihre Präsenz, die aus der Weite des Universums stammt, deinen ganzen Körper durchdringen kann. Dein Gesicht sollte dabei nach unten gerichtet sein.
- Dann zeichne mit deinen Händen die beiden Bögen der Mandorla nach und führe sie über deinen Kopf vor deinem Körper zusammen. Die Position der Mandorla ist eine Diagonale, die den vorderen und rückwärtigen Teil des Körpers im Raum miteinander verbindet. Das Gesicht zeigt jetzt nach oben. Mit der Mandorla-Geste hast du die Präsenz von Gaia, der Göttin der Erde, nach vorn gebracht, so dass auch ihre Vibration den ganzen Körper durchdringen kann.
- Zeichne die Mandorla drei Mal um deinen Körper herum.

- Nach einer kurzen Pause sollten die immer noch miteinander verbundenen Hände auf die Ebene des Herzzentrums heruntergebracht werden. Indem wir sie absenken, bilden sie vor deinem Herzen einen abgerundeten Raum, in dem beide Dimensionen, die irdische und die kosmische, miteinander verflochten sind und sich in der Ausstrahlung deines Herzens baden können.
- Nach einer Pause sollten die Hände weit geöffnet werden, um die erschaffene Qualität mit deiner Umgebung und der Welt zu teilen.

Gaia Touch Ritual, um den eigenen multidimensionalen Körper zu öffnen

Teil 2

Persönliche Aspekte des planetarischen Wandels

1
Gaia eröffnet die Möglichkeit eines Quantensprungs in der persönlichen Entwicklung

Seit Jahrtausenden rätseln Philosophen und spirituelle Lehrer über die Frage, wer der Mensch sei und welchen Sinn unsere Existenz habe. Warum also erneut das gewaltige Gebäude unseres Wissens in Frage stellen, das in Büchern aufbewahrt wird und in Kunstwerken zum Ausdruck kommt? Der Grund dafür ist, dass die Erdveränderungen so tiefgreifend sind, dass sich nicht nur die Struktur (Konstitution) des planetarischen Raums verändert, sondern auch der Aufbau der menschlichen als auch anderer Wesens Gaias, seien sie sichtbar oder unsichtbar.

Gemäß meiner Erfahrung mit dem anhaltenden Erdumwandlungsprozess glaube ich, dass wir einer Epoche des Wandels ähnlich der vor 40.000 Jahren entgegensehen, als Menschen als Homo sapiens in Erscheinung traten und sich als solche durch die überraschend genauen Tierzeichnungen in den Höhlen von Altamira, Lascaux usw. zu erkennen gaben. Ich kann für diese Intuition keine logische Erklärung geben, ohne auf meinen Traum vom 1. September 2006 zu verweisen.

Aber bevor ich euch in diese faszinierende Geschichte einführe, möchte ich betonen, dass sich die zu erwartenden Veränderungen möglicherweise über das ganze dritte Jahrtausend erstrecken könnten, bevor sie bewältigt sein werden. Es gibt also keinen Grund zur Eile. Aber schon jetzt, während wir uns noch durch das 21. Jahrhundert bewegen, werden die Weichen unserer Reise in Richtung Zukunft gestellt – genau wie beim Gleiswechsel eines Zuges. Wir sollten diesen entscheidenden Moment nicht verpassen. Alles, was danach kommt, wird dann viel einfacher und weniger kompliziert sein.

Es ist tiefe Nacht, und ich komme ziemlich müde von meiner Arbeit nach Hause. Ich passiere ein abgeschiedenes Haus, und plötzlich erinnere ich mich an einen ähnlichen Moment, als ich ebenfalls an diesem Haus vorbeiging – genauso müde wie jetzt: Ich ging einfach in das Haus hinein, fand einen leeren Raum, schlief dort für einige Stunden und machte mich dann wieder auf den Weg, ohne dass die Bewohner des Hauses mich bemerkt hätten. Ich beschließe also, jetzt das gleiche zu tun.

Die Tür ist tatsächlich offen; ich betrete einen leeren Raum, lege meinen Rucksack ab, lege mich ins Bett und schlafe ein.

Ich erwache früh am morgen, als die Bewohner des Hauses noch schlafen. Es ist noch so früh, dass ich beschließe, nicht sofort aufzubrechen. Stattdessen verlasse ich das Haus durch die Hintertür, um mich einen Moment in den Garten zu setzen und das aufgehende Morgenlicht zu genießen. Jetzt sollte ich aber verschwinden, bevor die Bewohner aufwachen. Ich muss nur kurz in das Zimmer zurückgehen, um meinen Rucksack zu holen, und weg bin ich.

Als ich mich herumdrehe, bemerke ich, dass das Haus an seiner Rückseite drei identische Türen hat, die wahrscheinlich zu drei verschiedenen Wohnungen führen. Das Problem ist, das ich nicht mehr weiß, durch welche Tür ich das Haus verlassen und den Garten betreten habe. Wo könnte ich eintreten, um meinen Rucksack zu finden? Ich glaube mich zu erinnern, durch welche Tür ich letzte Nacht hereingekommen bin. So eile ich um die Ecke, um mir die Eingangsfassade anzusehen. Unglücklicherweise finde ich auch dort drei identische Türen ohne einen Hinweis darauf, durch welche Tür ich gestern Abend eingetreten bin.

Über diesen Teil des Traumes bin ich ziemlich aufgebracht. Ich weiß, wer ich bin; als menschliches Wesen besitze ich meine Persönlichkeit, ich kenne meine Seele und mein spirituelles Selbst. Aber jetzt, wo ich nicht in der Lage bin, meinen Rucksack zu finden, in dem ich die Dokumente meiner Identität verwahre, wird mir klar, dass diese famose Dreiheit nur ein einziger Aspekt meiner selbst ist. Entsprechend dem Auftauchen der anderen beiden Türen im Traum müsste es zwei weitere Aspekte der menschlichen Identität geben, von denen ich nichts weiß. Glücklicherweise zeigte mir der Traum in seinem weiteren Verlauf verschiedene Symbole, die mir halfen, seine verwirrende Botschaft zu erfassen. Durchgehend die nächsten zwei Jahre arbeitete ich immer wieder daran, um sie zu verstehen.

Während ich mich noch frage, welche Tür wohl die richtige sei, um einzutreten und meinen Rucksack zu holen, bemerke ich, dass die linke Tür überhaupt nicht zu sehen ist. Sie ist hinter einer Art von Käfig versteckt, der aus mehreren Lagen von Metalldrähten gebaut ist.

Der Käfig hat sogar eine eigene Tür. Eine Frau kommt aus dieser zusätzlichen Tür, verriegelt sie mit zwei Schlössern und verschwindet. Sie ist rank und schlank und erscheint weiß, als bestehe sie aus Licht.

Dann erscheint ein Kleinlaster und hält vor der rechten Tür. Seine Seitentür ist geöffnet, so dass ich auf Regalen mehrere Reihen von Flaschen erkennen kann. In den Flaschen befinden sich Flüssigkeiten von verschiedener Farbe. Ich glaube unter ihnen mehrere Getränke wie Coca Cola und andere mit Zucker und künstlichem Aroma verunreinigte Getränke zu erkennen.

Der Traum, in dem ich in einem fremden Haus schlafe

Die zentrale Botschaft des Traumes besagt, dass es neben dem normalen Verständnis unseres menschlichen Lebens noch zwei weitere Aspekte unserer Identität gibt, die wir völlig vergessen haben. Mit »normalem

Verständnis« meine ich, das menschliche Wesen als die Verkörperung eines dreigestaltigen Wesens zu betrachten.

In der manifestierten Welt erscheinen wir als eine einzigartige Persönlichkeit, die sich auf eine gewisse Zeitspanne beschränkt.

Der Seelenaspekt bezeichnet unsere jenseits von Zeit und Raum existierende Identität, die sich in Zyklen zwischen der spirituellen Welt unserer Ahnen und Nachkommen und der verkörperten Realität bewegt.

Das sogenannte »höhere Selbst« kann als der Fokus der göttlichen Präsenz in unserem Innern verstanden werden.

Auch wenn es schwer zu verstehen ist, legt der Traum mit einem seltsamen Gefühl von Dringlichkeit nahe, dass die beiden anderen Aspekte unserer menschlichen Identität in dieser besonderen Zeit anerkannt und in unser Leben integriert werden sollten. Meine Intuition sagt mir, dass wir beide Aspekte als Teil unseres multidimensionalen Selbst dringend brauchen werden, wenn wir unbeschadet durch die Herausforderungen der aufkommenden Erdwandlungen kommen möchten.

Da der linke Aspekt der beiden vergessenen Gesichter der menschlichen Identität in meinem Traum versteckt hinter einem metallenen Käfig erschien, der auch noch mit zwei Schlössern versehen ist, ist es offensichtlich, dass er nicht nur vergessen, sondern auch auf traumatische Weise blockiert ist. Das Symbol, das uns helfen könnte, seine Essenz zu erkennen, erscheint als feenhafte Frau, die aus der linken Tür tritt. Gibt es einen Aspekt unseres menschlichen Wesens, das mit der Feenwelt verwandt ist?

Die Geschichte des Traumes sagt dazu:»Ja« – unter der Voraussetzung, dass die Feenwelt als eine weite Region von feinstofflichen Wesen und Evolutionen angesehen wird, unter denen die verspielten elementaren Wesen des Luftelements nur eine sind. So kennt zum Beispiel die keltische Kultur in ganz Europa eine Evolution von subtilen feenhaften Wesen, die sich auf einer bestimmten Ebene des planetarischen Raums, der parallel zu dem unsrigen existiert, entwickeln und schöpferisch tätig sind. Die Kelten nennen diese Wesen Sidhe (sprich: »Schi«). Wir werden den Sidhe später noch näher begegnen, wenn wir unsere Aufmerksamkeit einer möglichen Zusammenarbeit zwischen menschlicher Kultur und ihren parallelen Evolutionslinien widmen.

Beim Versuch, die feenhafte Essenz des Menschen zu erfassen, wird mir klar, dass es nicht möglich ist, sie sich auch nur vorzustellen. Das Blut, das in unzähligen Kriegen während der patriarchalen Ära der letzten drei- bis fünftausend Jahre vergossen wurde, und das Leiden, das Mitmenschen und anderen Lebewesen zugefügt wurde, lasten schwer auf der menschlichen feenhaften Identität. Sie ist wie in meinem Traum tatsächlich mit einem doppelten Schloss versperrt.

Wenn wir vor beinahe unlösbaren oder sogar katastrophalen Situationen stehen, schlage ich gerne eine Übung vor – in diesem Fall ein persönliches Ritual – das ich in der Pilgerkirche der Schwarzen Madonna in Altötting, Bayern, erhielt. Ich nenne es »die heilende Träne der Gnade«. Dabei fangen wir drei imaginative Wassertropfen auf, die während des Rituals drei Aspekte der heilenden Information aufgenommen haben. Dann sollten diese drei Tropfen über die Situation oder die Region, die heilende Impulse benötigt, ausgegossen werden.

Ritual der Träne der Gnade

- Erhebe deine Hände zu einer Gebetsgeste auf der Höhe deines Herzens und lass einen Tropfen deines Mitgefühls, bezogen auf die damit in Verbindung stehende Person, den Ort oder die Situation, zwischen deine Handflächen gleiten.
- Dann verbeuge dich vor der Erde, wobei deine Hände zur Erde weisen; mit Hilfe deiner Vorstellungskraft dringe dabei tief in das Reich der Erde, der Mutter des Lebens, ein. Forme mit beiden Händen ein Gefäß und bitte Gaia um einen Tropfen ihrer Vergebung in Verbindung mit der Notlage oder Demütigung, die der Ort oder dessen Wesen erleiden mussten.
- Richte dich nun auf und hebe das Gefäß in deinen Händen, das bereits den Tropfen deines Mitgefühls und den Tropfen der Vergebung Gaias enthält, gen Himmel und bitte um eine Träne der Gnade Sophias, der Schöpferin des Universums.
- Das heilende Wasser ist jetzt auf homöopathische Weise eingesammelt. Neige das Gefäß deiner Hände in die entsprechende Richtung, so dass in deiner Vorstellung das heilende Wasser zu seinem vor-

bestimmten Ziel gleiten kann. Halte mit deinem Herzen eine feste Verbindung zu der ausgewählten Person, dem Ort oder dessen Wesenheiten, um das Geschenk der Gnade auf seinem Weg dorthin zu begleiten. Bleibe dort eine Weile mit der Schwingung deines offenen Herzens präsent.

- Auf der Grundlage deines persönlichen Glaubens und durch Telepathie funktioniert dieses Ritual auch über große Entfernungen hinweg. Bedanke dich!
- Ich bitte dich das Ritual auszuführen, um dabei zu helfen, deinen Feenkörper von Traumata zu befreien, die den Aspekt deines menschlichen Selbst unterdrücken, der mit der Feenwelt nahe verwandt ist.

Ritual der heilenden Träne der Gnade

Wenn ich mich mit dem obigen Traum verbinde, erscheint es mir, als ob die Feenwelt uns Menschen den ersten Körper geschenkt hat, mit dem wir uns auf Erden manifestieren konnten, um unsere Evolution mitten in Gaias schöner Schöpfung zu beginnen. Dies bezieht sich auf die entfernte Epoche, die in der Mythologie vieler planetarischer Kulturen als »das Zeitalter des Paradieses« bekannt ist. Der Körper, den wir erhielten, bestand aus Wasser und Licht. Erst viel später führte uns die Richtung der menschlichen Evolution tiefer in die Inkarnation, indem wir den Tierkörper annahmen, um so in die Welt der Materie einzutreten.

Mythen bezeichnen die Epoche des Paradieses als eine Zeit der Harmonie zwischen allen Wesen und Dimensionen des Erdkosmos. Diese Qualität des Friedens und des Zusammenhalts ist tief in den menschlichen Feenkörper eingeprägt – aber erinnere dich, dass ein Körper dieser Art nicht von unserer emotionalen, mentalen und spirituellen Identität getrennt ist. (Zu jener Zeit waren Körper und Bewusstsein eins.)

Aus diesem Grund wurde unsere feenhafte Identität in der Epoche der ständigen Kriege und bewusster Trennungen so grausam unterdrückt; ein Phänomen, das wir immer noch überall erleben, auch wenn es sich in andere Formen kleidet als vor Jahrtausenden. Die Menschen sollen sich nicht daran erinnern, dass ein Zeitalter des Friedens und der Koexistenz auf Erden möglich und auch zutiefst zufriedenstellend ist. Und wenn ihre feenhaften Körper unterdrückt sind, ist es einfacher, Menschen zu kontrollieren und zu manipulieren.

Bevor wir dieses Kapitel abschließen, müssen wir unsere Aufmerksamkeit noch auf die zweite Tür aus unserem Traum richten, die einen anderen Aspekt unserer vergessenen menschlichen Identität symbolisiert. In dem Laster vor der Tür wurden in einer Vielzahl von Flaschen Flüssigkeiten verschiedener Farben ausgestellt. Einige von ihnen fühlten sich auf versteckte Weise giftig an, obwohl alle auf meine Augen anziehend wirkten. Diese Flüssigkeiten stehen für die Säfte des Körpers, die in ihren je eigenen Flaschen getrennt abgefüllt sind und wie Blut oder Lymphe verschiedene Körperfunktionen aufrechterhalten. Sie dienen auch als Speicher von emotionalen Eindrücken und Informationen. An diesem Punkt kommen Verunreinigungen ins Spiel, die mich die visuell attraktiven Flaschen als vergiftet empfinden lassen.

Wenn wir in Betracht ziehen, dass wir hauptsächlich – bis zu 78% – aus Wasser bestehen, und zudem wissen, dass Wasser ein idealer Informationsträger ist, so können wir verstehen, dass unser Wasserkörper mit längst überholten Informationen – oft mit negativen Konnotationen – überladen sein kann. Das bedeutet, dass wir vor der Beschäftigung mit unserer menschlichen Identität als Wasserwesen eine Reinigungsübung für unseren persönlichen Ozean brauchen. Das Gaia Touch Handritual der Entkoppelung ist ein Geschenk eines heiligen Baumgeists der Insel Bali in Indonesien, wo ich 2017 an einer Landschaftsheilung arbeitete:

Gaia Touch Übung der Entkoppelung aus Bali

- Halte in deiner Vorstellung die Absicht aufrecht, dich von bestimmten mentalen oder emotionalen Mustern zu trennen. In unserem Fall geht es darum, sich von einigen fremden Informationen des persönlichen Wasserkörpers abzukoppeln.
- Die Hände sollten auf der Höhe des Sonnengeflechts miteinander verflochten werden.
- Drücke sie fest zusammen, um sie dann langsam auseinanderzuziehen und so die verunreinigten Muster aus deinem persönlichen Wasserkörper herauszuziehen.
- Danach bitte um die Umwandlung der Angelegenheit, indem du zum Beispiel die violette Kraft der Wandlung benutzt.

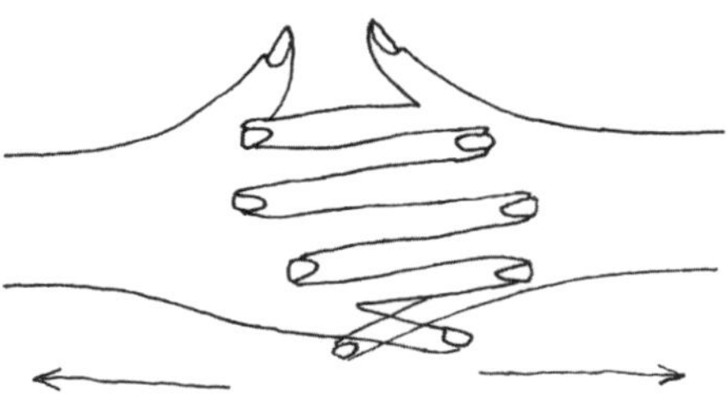

Gaia Touch Übung der Entkoppelung aus Bali

Wenn das Thema dieses Kapitels einen erweiterten Blick auf die menschliche Identität wirft, erhebt sich die Frage, ob es neben dem eng mit der Feenwelt verbundenen Aspekt noch einen anderen gibt, der mit den Wesen des Wasserelements verbunden ist. In der Tat bestätigten mir

Delphine bei einer Begegnung am Strand der Adria in der Nähe von Piran in Slowenien, dass wir nahe Verwandte sind. Sie gaben mir zu verstehen, dass wir uns in einer fernen Vergangenheit, möglicherweise im Zeitalter von Atlantis, voneinander getrennt hätten. Delphine und Wale entschieden sich dafür, ihre Entwicklung im Wasser fortzusetzen, menschliche Wesen dagegen wählten das relativ trockene Milieu des Erdelements.

Später werden wir uns noch der Beziehung zwischen den beiden Evolutionen widmen. An dieser Stelle brauchen wir mehr Klarheit über den Ozean im Innern unseres individuellen Kosmos und seinen Platz in der holistischen menschlichen Identität.

Bitte erinnert euch an die Übung im fünften Kapitel des ersten Teils unserer Reise. Auf dem Wasser stehend haben wir Wassertropfen in der Umgebung verteilt, um den Realitätsraum als ein Hologramm im Wasser zu erleben. Jetzt solltest du die gleiche Übung machen, indem du Wasser aus deiner Bauchhöhle nimmst und über deinen ganzen Körper verteilst, auch jenseits seiner physischen Grenzen.

Auf diese Weise können wir uns selbst als eine Sphäre vorstellen, die aus unzähligen Wassertropfen besteht. Diese enthalten alle nötigen Informationen, damit wir als vollständige menschliche Wesen erscheinen können, die mit einer Art von flüssigem Bewusstsein ausgestattet sind und Formen haben, die nicht fixiert sind, sondern sich in ständiger Bewegung befinden.

Das kommende Zeitalter der multidimensionalen Erde erfordert die Fähigkeit, sich zwischen den verschiedenen Dimensionen der erweiterten Realität bewegen zu können. Während wir uns durch verschiedene Welten bewegen, müssen wir unsere Körperform entsprechend anpassen. Der wässrige Aspekt unserer Identität – heutzutage vergessen – kann diese Anforderungen perfekt erfüllen.

2

Das elementare Selbst des Menschen in Beziehung zu seinem spirituellen Selbst

Indem wir unsere Aufmerksamkeit auf die feenhafte Identität des Menschen und unseren flüssigen mit dem Delphin verwandten Aspekt richten, sind wir noch nicht am Ende unseres Interesses für die multidimensionale menschliche Identität angekommen. Ich ziele auf das, was meine Tochter Ajra das elementare Selbst des menschlichen Wesens nannte. Wir müssen die Identität des Menschen als Teil des irdischen Universums erkennen und damit unseren »grünen« Aspekt berühren.

Monotheistische Religionen versuchen, uns davon zu überzeugen, dass wir nur zufällige Besucher auf Erden seien und dass unsere wahre Heimat sich in den spirituellen Bereichen befindet. Atheistische Annäherungen an das Leben behaupten etwas Ähnliches, allerdings ohne uns irgendein Nachtod-Refugium anzubieten. Als Resultat erscheint die menschliche Haltung der Erde gegenüber im allgemeinen als eine negative; Menschen ignorieren den Wert Gaias als einen Ort, welcher der Menschheit ideale Bedingungen schenkt, um die menschliche Gattung als eine liebende und schöpferische weiterzuentwickeln und das Leben in seiner faszinierenden verkörperten Form zu genießen.

Um die Reise mit Gaia fortsetzen zu können, sollten wir erkennen, dass unsere Zusammenarbeit mit ihr einen tiefen spirituellen Wert besitzt, sei es, um unsere persönliche Entwicklung voranzutreiben oder die Evolution ihrer Schöpfung. Unsere Gemeinschaft mit Gaia hat eine lange Geschichte, in der wir parallel zu der Entwicklung unserer spirituellen Identität auch zu Wesen Gaias wurden, nicht zu sehr verschieden von Tieren, Elementarwesen, Pflanzen, Steinen usw. Das elementare Selbst ist eine Manifestation unserer schöpferischen und langfristigen Einbindung in die Evolution des irdischen Universums und seiner Geschöpfe.

Wie sollen wir das elementare Selbst in Beziehung zu unserem spirituellen Aspekt, den wir normalerweise Seele nennen, verstehen?

Die Seele eines Individuums ist ein feinstoffliches Sein, das aus Lichtfrequenzen besteht. Es ist einem binären Rhythmus der Existenz unterworfen. Es gibt Zeiten unserer Seelenexistenz, in denen wir in den feinstofflichen Naturräumen des irdischen Universums, bekannt als das Reich der Ahnen und Nachkommen, verweilen. Wir können sie uns als nichtmaterielle Landschaften und Städte vorstellen, die aus Licht bestehen und entweder in den mineralischen Schichten des Planeten, in seiner Atmosphäre oder in den Tiefen des Ozeans liegen.

In der zweiten Phase ihrer Existenz nimmt die Seele einen ziemlich komplizierten Weg der Verkörperung und lebt eine bestimmte Lebensspanne mit Steinen, Pflanzen, Tieren und Mitmenschen. Es mag nicht nötig sein zu erwähnen, dass die Seele nach der Vollendung der verkörperten Phase wieder einen ähnlichen Weg in das Reich der Ahnen/Nachkommen zurücklegen muss, um die Evolution dort fortzusetzen.

Dieser fast zu kurze Überblick der ständigen Wiederholung des binären Zyklus der Seele dient dazu, den genauen Moment zu bestimmen, in dem die Seele immer wieder auf ihr elementares Selbst trifft.

Das elementare Selbst setzt sich nicht nur wie die Seele aus Lichtfrequenzen zusammen, vielmehr besteht es aus atomaren und subatomaren Partikeln, die dem Reich der Drachen entspringen, den urbildlichen kreativen Organen von Gaia. Aus diesem Grund kann das elementare Selbst als Tochter oder Sohn der Drachen für die Seele Bedingungen schaffen, um in manifester Form auf ihren emotionalen, mentalen, ätherischen Ebenen und am Ende auch auf der materiellen Ebene verkörpert zu werden.

Die Seele als unser spirituelles Selbst und das Elementarwesen sind wie Geschwister. Um ein verkörpertes Leben zu führen, muss die Seele in einer ihrer pränatalen Phasen mit seinem Gegenstück, dem elementaren Selbst, verschmelzen.

Anders als die Seele verbleibt das Elementarwesen zwischen zwei Inkarnationen nicht in den Stätten des Lichts, sondern existiert tief versunken im Plasma des Lebens. – Wir können auch sagen, es wird Teil des Lebensgewebes, das sich aus verschiedenen miteinander verflochtenen Ebenen von Mikro- und Nanowesen zusammensetzt. Zum Teil können sie

Das Zusammenspiel zwischen dem Menschen und seinem Elementarwesen

als Einheiten des Gaia-Bewusstseins identifiziert werden, teils als Mikroorganismen, teils als Träger kosmischer Inspiration. Später werden wir uns dem Lebensplasma noch im einzelnen zuwenden. Wir können es uns wie einen Lebensfluss vorstellen, der durch alle Wesen und Ausläufe der verkörperten Welt hindurchfließt und uns jeden Moment immer wieder neu mit Leben erfüllt.

Ähnlich wie unser spirituelles Selbst drei Erweiterungen kennt, die im vorherigen Kapitel erwähnt wurden, so kann auch das Elementarwesen als dreigestaltiges Wesen angesehen werden:

1 Das Elementarwesen in seiner Funktion als Schwester oder Bruder unserer Seele verkörpert die Identität des einzelnen Menschen als Teil der Natur, Teil der Evolution des irdischen Universums und als einzigartiges Geschöpf Gaias.
2 Die zweite Ebene des Elementarwesens wird das persönliche Elementarwesen genannt. Es ist ein feinstoffliches Wesen des Naturbewusstseins, das sich in den flüssigen Bereichen unseres Körpers ausdehnt. Seine Aufgabe ist es, die perfekte Funktion der Körperorgane und ihrer Erweiterungen zu gewährleisten.
3 Die dritte Ebene wird der persönliche elementare Meister genannt. Dieser repräsentiert ein Fraktal Gaias, das im verkörperten Menschen pulsiert und die göttliche Weisheit der Erdseele enthält. Seine Funktion ist es, den Menschen zu inspirieren, zum Mitschöpfer Gaias zu werden, um die Erde zu einem Ort des Friedens, der Versöhnung und unbeschreiblicher Schönheit zu entwickeln.

Gaia Touch Übung, um sich mit den drei Aspekten unserer elementaren Identität zu verbinden

- Führe deine Hände über den Kopf nach hinten, um dort den Punkt auf deiner Wirbelsäule zu erreichen, der zwischen den Schulterblättern liegt. Dort befindet sich der Fokus unseres elementaren Selbst. Der Mensch geht an dieser Stelle in Resonanz mit der Essenz seiner selbst als ein elementares (den Feen ähnliches) Wesen Gaias. Die Hände sind in einer traditionellen Gebetsgeste aneinandergelegt.

- Dann führe deine Hände in Gebetshaltung über die zentrale Achse von Kopf und Körper hinunter bis zur Ebene des Herzens. Berühre dabei die ganze Zeit dein Gesicht und deinen Körper. Mache beim Herzzentrum eine Pause, um deine feenhafte Essenz mit der Liebe deines Herzens zu segnen.
- Von diesen Punkt aus drehe deine Hände in Gebetshaltung nach unten, so dass diese mit den Fingerspitzen den Bereich des Solarplexus als Fokus des persönlichen Elementarwesens berühren.
- Nach einer kurzen Pause führe deine Hände über den Kopf und beschreibe mit ihnen einen Kreis, um dich selbst zu einem Teil des großen Familienkreises der Elementarwesen Gaias zu erklären.

Gaia Touch Übung, um sich mit den drei Aspekten unserer elementaren Identität zu verbinden

Nachdem das einzelne menschliche Wesen seine Reise durch seine Lebensspanne beendet hat, trennen sich die zwei Aspekte seiner Identität Schritt für Schritt. Wie schon erwähnt, verweilt die Seele in den Bereichen der spirituellen Welt, während das Elementarwesen sich im Plasma des Lebens auflöst und seine »Nachtod«-Periode auf Pflanzen, Steine und andere elementare Welten verteilt. In dem Moment, wenn die dazugehörige Seele wieder beginnt, auf die manifeste Ebene der Erde hinabzusteigen, beginnt das elementare Selbst seine subelementaren Partikel zu sammeln und sich auf die neue gemeinsame Unternehmung zu konzentrieren, mit der Schwesternseele durch die Wunder und Herausforderungen der verkörperten Welt zu reisen.

Das ist eine nette logische Erklärung, um den Verstand zufriedenzustellen. Tatsächlich lösen sich das spirituelle Selbst und sein elementares Gegenstück nie vollständig voneinander. Es gibt immer eine Resonanzbrücke zwischen beiden, die in jedem Moment aktiviert werden kann. Durch diese Resonanzbrücke kann die Seele jederzeit in Naturphänomenen sichtbar werden.

So können indigene Kulturen aus verschiedenen Zeichen in der Natur Botschaften ihrer Ahnen und Nachkommen ablesen. Umgekehrt können die Verstorbenen ihre ursprünglichen Gemeinschaften oder einzelne, mit denen sie sich verbunden fühlen, kontaktieren, indem sie Naturphänomene als Medium nutzen. Auf diese Weise können sie auch nach dem Verlassen der Ebene des manifesten Lebens mit ihren Lieben relativ nah verbunden bleiben. Ein Vogel, der immer wieder am gleichen Fenster pickt, könnte dafür ein Beispiel sein, oder ein Hirsch, der in einem bestimmten Moment den Weg kreuzt oder auch das plötzliche Auftauchen einer Windböe. Manchmal fallen Objekte zu Boden, ohne dass es dafür eine rational logische Erklärung gibt. Deine Intuition wird dir raten, wachsam zu sein und nach einer versteckten Botschaft Ausschau zu halten. Es mag vielleicht »nur« ein Aufruf sein, in Kontakt zu bleiben oder sich neu zu verbinden.

Lieber nicht warten, bis wir tot sind! Es ist wichtig, eine tiefe Verbundenheit mit dem elementaren Plasma der Natur zu entwickeln, solange wir inmitten der verkörperten Schönheit auf Erden wandeln. Das hilft uns auch, uns wieder mit unserem eigenen elementaren Wesen zu verbinden, um auf diese Weise unsere Bindungen mit Gaia und ihrer Schöpfung zu stärken. Das wird in den nahenden rauhen Zeiten des Erdwandels von entscheidender Bedeutung sein. Die Seele könnte unter bestimmten Umbrüchen verlorengehen, während dein innerer elementarer Meister den Weg wissen wird.

Mache dir auch klar, dass die menschliche Zivilisation durch moderne »High tech«-Technologien das Plasma des Lebens schwer schädigt, indem sie die Möglichkeit reduzieren, dass Menschen als ganze auf Erden erscheinen können, nicht als »organische« Roboter, sondern als Wesen, die mit der Essenz des Lebens und seiner Lebewesen, ob sichtbar oder unsichtbar, verbunden sind.

Ich kann eine Übung vorschlagen, um sich mit dem Lebensplasma zu verbinden und dessen verschiedene Aspekte zu erfahren.

- Sei präsent, möglichst an einem Platz in der Natur. Stell dir vor, dass die Welt um dich herum nicht fest ist, sondern sich mehr und mehr auflöst, so dass Wassertropfen, Zellen, Mineralpartikel usw. frei im Raum schweben können.
- Auch dein Körper verliert langsam seine eindeutige Form, seine organismischen Teilchen hängen frei im Raum. Nimm dir Zeit, diese Vorstellung zu entwickeln, und sammle Erfahrungen, ein Teil des elementaren Lebensplasmas zu sein.
- Was all deine organismischen Teilchen zusammenhält, damit du nicht im Fluss des Lebens verlorengehst, ist die Strahlung deines »fixen Sterns«, des Herzzentrums. Du kannst die goldgrüne Strahlung deines Herzens sehen, das sich in den Partikeln deiner Präsenz spiegelt. Sei dir bewusst, dass deine Präsenz auf dieser Ebene nicht von der natürlichen Umgebung getrennt ist. Genieße es, ein Teil des Lebensplasmas zu sein.

3
Der Mensch als Geschöpf der Erde und naher Verwandter der Tiere

Auch wenn wir uns bis jetzt schon sechs Facetten der menschlichen Identität veranschaulicht haben, muss ich euch auch noch mit einer siebten Facette behelligen. Erst wenn wir alle sieben Aspekte des Menschen kennen, können wir sicher sein, wohlbehalten durch die kommenden Herausforderungen des Erdumwandlungsprozesses hindurch zu gelangen. Die sieben Facetten repräsentieren verschiedene Potentiale unserer inneren Kraft.

Ein wissenschaftlicher Bericht bestätigte mir, wie wichtig der Tieraspekt des Menschen ist, indem er belegte, dass das menschliche Genom zu 98% mit dem tierischen übereinstimmt. Die Bedeutung der tiefen Verbundenheit mit dem Tierreich, einem Zweig unserer Wurzeln, wurde mir durch folgenden Traum bestätigt. Ich träumte ihn zu einer Zeit, als ich verschiedene heilige Orte in Bayern erkundete, die mit dem Pfad der Seele in die Inkarnation der manifesten Welt verbunden sind. Der Traum bezieht sich auf den Berg von Rauhenzell, den ich zusammen mit einer Gruppe von interessierten Leuten am Tag zuvor besucht hatte.

Ich beobachte einen atemberaubenden Kreistanz, der im Innern des Bergs stattfindet. Verschiedene Tiere rennen zusammen mit einigen nackten kleinen Kindern im Kreis. Die Kinder jauchzen vor Vergnügen.

Hinter jedem Tier läuft ein Kind und versucht, auf dessen Schultern zu springen. Einigen von ihnen ist es bereits gelungen, und ich sehe Tiere, die Kinder auf ihrem starken Nacken tragen.

Dann entdecke ich scharfe Hindernisse auf dem Tanzboden. Scharfkantige eiserne Stangen ragen aus dem Boden heraus. Ich bin besorgt, weil die wild umherlaufenden Kinder und die Tiere sich verletzen könnten.

Ein anderes Bild folgt. Jetzt sitze ich mit einigen erwachsenen Personen in einem Boot und fahre einen Fluss hinauf. Jede(r) von uns hält einen Pass in Hand. Warum? Während der Fahrt beobachte ich die Gesichter und die Frisur meiner Mitreisenden und entdecke in jedem die Signatur eines Tierkörpers.

Der Traum von den Verbindungen mit dem Tierreich

Lasst uns die Traumgeschichte anhand des letzten Bilds aufrollen. Es enthüllt uns eine verkannte fatale Beziehung zwischen den Menschen und höher entwickelten Tieren auf einer urbildlichen Ebene. Angehörige der modernen Zivilisation sind normalerweise beschämt über die offensichtliche Verwandtschaft mit der Tierwelt und versuchen, diese Erkenntnis zu unterdrücken, indem sie sich selbst als wesentlich höher entwickelte Wesen betrachten als Tiere.

Wie erwähnt, hält jede(r) im Fluss des Lebens Reisende als Zeichen ihrer oder seiner Identität einen Pass in der Hand. Bedeutet das etwa, dass Tiere die Tür offen halten, die es den Menschen erst ermöglicht, die Grenze zwischen der spirituellen Welt und der Welt des verkörperten

Lebens zu überschreiten? Um eine Staatsgrenze zu passieren, benötigen wir normalerweise einen Pass.

Die ersten Bilder des Traumes versinnbildlichen die Idee, dass sich die Seele während des pränatalen Prozesses mit einer bestimmten Tierspezies verbinden muss, um in einen entsprechenden materiellen Körper hineinschlüpfen zu können. Tierarten haben während ihrer langen Evolution bestimmte Varianten von Mustern entwickelt, welche die archetypischen Fundamente unserer körperlichen Konstitution darstellen. Es ist sogar möglich, bei einem Menschen bestimmte Merkmale zu unterscheiden, die uns Hinweise geben, welche verwandte Tierart ihr oder ihm entspricht.

Der Traum betont, dass es Hindernisse gibt, die die Synergie zwischen der ankommenden Seele und dem gewählten Tierarchetyp gefährden. Das fehlende Verständnis für die entscheidende Rolle, die Tiere in unserem Leben spielen, könnte neben der Bedrohung durch gentechnische Veränderungen das gefährlichste Hindernis sein. Um diese Hürde zu beseitigen, möchte ich einige der wertvollen Aufgaben genauer aufzeigen, die Tiere für den Schutz Gaias leisten. Ich zitiere aus einem meiner Texte, der in dem Katalog zu einer Ausstellung 2018 im Museum für zeitgenössische Kunst in Ljubljana in Slowenien unter dem Titel »Himmlische Wesen, weder Mensch noch Tier« publiziert wurde:

»Mit der Entwicklung innerer Organe, die herumgetragen werden können, haben Tiere etwas Fantastisches hervorgebracht: die Freiheit durch die Landschaften der Erde zu wandern. Menschen haben von ihnen die Eigenschaft der Beweglichkeit geerbt und diese Fähigkeit in der Neuzeit bis zur Absurdität vorangetrieben.

Indem sie Instinkte entwickelten, haben Tiere den Weg für die Herausbildung der menschlichen Intuition bereitet. Dieses wundervolle Geschenk der Tiere gibt uns die Möglichkeit, jederzeit schöpferische Inspiration zu erhalten, komme sie aus irdischen oder kosmischen Quellen.

Tiere haben einen Sinn für Beziehung entwickelt und leben in Eintracht in Herden, Rudeln, Schwärmen, Scharen usw. Menschen haben diesen Gemeinschaftssinn geerbt und damit die Fähigkeit erworben, Familien und Gesellschaften zu bilden und Kulturen zu erschaffen.

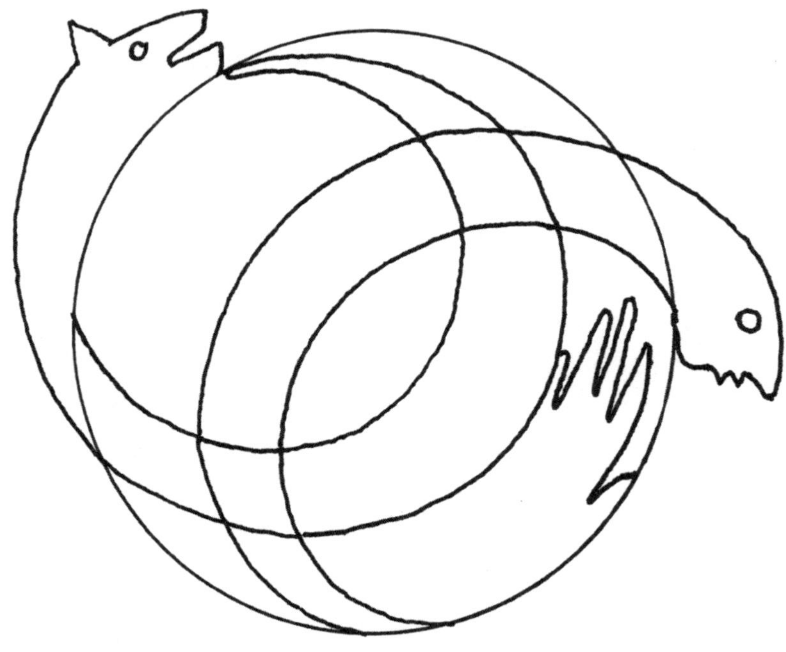

Ein Kosmogramm des Autors, das die Beziehung zwischen den Mensch- und Tierwesen zeigt, eingemeißelt auf einem Megalith vor dem Museum für zeitgenössische Kunst in Ljubljana

Wir sollten den Tieren danken, dass sie verschiedene Wege entwickelt haben, die vitale Kraft der Erde aufzunehmen und zu verteilen. Sie haben uns gelehrt, wie wir Leben in verkörperten Formen erhalten können. Dank der Tiere kann die vitale Kraft auf der Oberfläche der Erde frei zwischen all den lebenden Geschöpfen verteilt werden.«

Um die aus einer Vielzahl von Tierspezies gebildete Welt zu erleben, kannst du folgende Übung ausprobieren. Sie basiert auf der Resonanzbrücke zwischen der menschlichen Nase und dem Ohr mit den entsprechenden Punkten am Körper einiger Säugetiere.

- Mit dem Finger der einen Hand solltest du am obersten Punkt der Helix (Ohrenrand) an deinem Ohr reiben. Die Geste steht in Resonanz mit den spitzen Ohren einiger Tiere wie zum Beispiel der Wölfe.
- Gleichzeitig reibe mit der anderen Hand an deiner Nase, indem du um ihre Spitze kreist. Diese Geste steht in Resonanz mit der Tierschnauze.
- Nach einer Weile tausche beide Hände. Du kannst ein paarmal die Position der Hände wechseln, aber danach gehe in die Stille, um wahrnehmen zu können. Ein einzelnes Tier oder mehrere könnten sich in ihrer feinstofflichen Form zeigen. Sammle Erfahrungen mit der erspürten Anwesenheit von Tieren und zeige ihnen deine Zuneigung.

Es gibt jedoch noch einen anderen Aspekt in unserer Beziehung zum Reich der Tiere, der genauer betrachtet werden sollte, ein Aspekt, den die schamanischen Kulturen »das persönliche Krafttier« nennen. In diesem Zusammenhang möchte ich ein Erlebnis mit euch teilen, das mir im Mai 2017 widerfahren ist, als ich am Zoologischen Garten in der Schweizer Stadt Bern vorbeikam. Als ich am großen natürlichen Ambiente für einen Luchs vorbeilief, kam das Tier an den Zaun gelaufen und schaute mir einen Moment lang in die Augen. Im selben Moment flog mir eine winzige Fliege ins Auge. Während ich noch versuchte, sie herauszubekommen, wurde mir klar, dass diese scheinbare Koinzidenz in Wirklichkeit eine Botschaft war, um mir mitzuteilen, dass wir Menschen unser tierisches Selbst vergessen haben. In dieser Mitteilung lag eine unbeschreibliche Kraft, und darin enthalten lag auch die versteckte Botschaft, wie wir daran arbeiten könnten, unser inneres Tier gleichzeitig als unser inneres Potential zu erfahren. Seine Präsenz ist heutzutage im Innern unserer Knochenstruktur verankert. Besonders betont wurde unsere Beckenschale als Träger einiger der wichtigsten vitalen Funktionen.

- Sitze oder stehe ruhig da. Werde dir deiner Hüftknochen bewusst und reibe sie eine Weile mit deinen Händen.
- Im richtigen Moment sollte deine Aufmerksamkeit von deinen Hüften zu deinem Brustbein springen. Reibe eine Weile dein Brustbein mit beiden Händen.
- Im nächsten Moment sollte der Funke deiner Aufmerksamkeit in den Bereich jener feinen Knochenstruktur springen, die unter deiner Nase, deinen Augen, deinem Mund und deinen Ohren liegen.
- Nimm dir Zeit, dich nach innen zu wenden und zu beobachten, welche Gefühle und Bilder in dir hochkommen, und ob eine Botschaft deines Krafttiers auftaucht. Lass dich nicht etwa von einer fixen Idee eines Krafttiers blockieren, das du als das deinige betrachten könntest. Sei offen für die Botschaft des Augenblicks.

Das folgende persönliche Gaia Touch Ritual würdigt die menschliche Beziehung mit dem Tierreich, indem es uns bewusst macht, dass das Krafttier in Wirklichkeit unsere eigenen inneren Potentiale darstellt. Letztendlich erweist sich die Grenze zwischen dem Menschen und dem inneren Tier als nichts weiter als eine mentale Fiktion.

Gaia Touch Übung
um sich mit dem inneren Tier zu verbinden

- Steh aufrecht und positioniere deine Füße auf eine eher ungewöhnliche Weise. Die Fersen sind so weit wie möglich auseinander gespreizt, während sich die großen Zehen berühren. Auf diese Art und Weise richtest du deine Aufmerksamkeit auf die kausale Ebene, die »hinter deinem Rücken« schwingt – und damit zum kausalen (urbildlichen) Bereich deines Körpers, wo das Tier in deinem Körper präsent ist.
- Nachdem du die Füße auf diese Art aufgestellt hast, solltest du auch den Knien erlauben, sich dabei zu berühren. Die Knie symbolisieren

das Beziehungsgeflecht der familiären Bindungen. Sie stehen in Resonanz mit der Welt der Ahnen und Nachkommen sowie anderen Verwandten der Menschen, die Tierwelt eingeschlossen.

- Diese Position der Füße und Knie bringt dich dazu, dich nach vorne zu lehnen und so das Bild eines Tierkörpers nachzuahmen, der eine horizontale Stellung einnimmt.
- In dieser horizontalen Haltung fehlen dir nur noch die vorderen Beine eines Tieres. Deshalb wirf beide Hände über deine Schultern nach vorne und bleibe eine Zeitlang in dieser Position, um mit deinem inneren Tier in Resonanz zu kommen.
- Dann begib dich wieder in die aufrechte Haltung eines Menschen. Die Knie lösen sich voneinander, aber die Füße bleiben weiter in der etwas linkischen Stellung. Auf diese Weise hast du dir dein inneres Tierwesen als Teil deiner menschlichen Identität einverleibt.

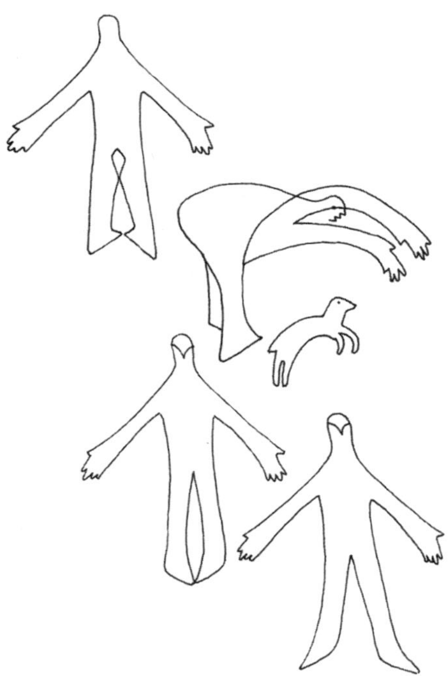

Gaia Touch Übung, um sich mit dem inneren Tier zu verbinden

- Zuletzt bringe deine Füße wieder in die herkömmliche Stellung. Gleichzeitig strecke deine Hände diagonal nach hinten aus und stehe bewusst im Licht der Gegenwart als ein verkörpertes menschliches Wesen, das seinen persönlichen Tieraspekt integriert hat.
- Danke dem Tierreich für das Geschenk deiner Verkörperung.

4

Die Zusammenarbeit mit dem inneren Drachen ist unausweichlich

Dieses Mal habe ich nicht vor, einen noch weiteren Aspekt des menschlichen Selbst einzuführen. Wenn wir uns mit dem Thema des inneren Drachens befassen, nähern wir uns einem so unermesslich großen Bereich von Kraft und Bewusstsein, dass die Vorstellung, er könne verdichtet in einen einzelnen Körper passen, absurd erscheint, selbst wenn der Körper als ein multidimensionaler Organismus aufgefasst wird, der mehr als nur seine materielle Struktur umfasst. Doch das heißt nicht, dass die urbildlichen Kräfte der Schöpfung Gaias nur als ein Bewusstseins- und Energiefeld erspürt werden könnten, das ausschließlich um uns herum schwingt und in das wir vollständig eingetaucht sind. Mit diesem Kapitel hoffe ich, euch in gewisser Weise die Erkenntnis und die Erfahrung näherbringen zu können, dass die Drachenpräsenz nicht nur um uns herum existiert, sondern auch in uns selbst zu finden ist.

Ich glaube, dass die Erkenntnis und die Akzeptanz, mit der inneren Drachenkraft zu arbeiten, für den einzelnen unausweichlich ist, um den Herausforderungen der kommenden Erdwandlungen erfolgreich begegnen zu können. Folgender Traum bewegte mich dazu, die Beziehung zwischen dem einzelnen Menschen und der Drachenpräsenz zu untersuchen:

Ich sehe ein Mädchen kraftlos am Boden liegen. Sie muss sehr krank sein. Ohne zu zögern, hole ich meinen Jeep und hebe die Frau hoch, um sie auf den Rücksitz zu legen.

Bevor ich zum Hospital aufbreche, beschließe ich, eine Gasmaske mitzunehmen. Meine Intuition sagt mir, dass ich auf dem Weg einigen schwierigen Situationen begegnen könnte, wo die Maske mir nützlich wäre. Zu Beginn hängt mir die Maske noch um den Hals herum, aber später entscheide ich mich, sie aufzusetzen.

Als ich mich selbst im Rückspiegel anschaue, bin ich überrascht zu sehen, dass die Gasmaske an der Oberfläche einige seltsame Ausstülpungen hat, die meinem Gesicht das Aussehen eines Drachen geben.

Der Traum vom inneren Drachen

Um der Bedeutung des Traumes auf die Spur zu kommen, schlage ich vor, das kraftlose Mädchen und den einem Drachen ähnlich sehenden Autofahrer als ein und dieselbe Person anzusehen. Das Mädchen steht für den modernen Menschen, der von all den sozialen und ökologischen Herausforderungen unserer gegenwärtigen Zeit völlig erschöpft ist. Die existierenden sozialen und politischen Beziehungen verlangen von uns, ausschließlich auf der rationalen Ebene zu funktionieren, während uns die liebevolle Berührung unseres Herzens fremd geworden ist. Außerdem haben die herrschenden Eliten Methoden entwickelt, um Angst in der Bevölkerung zu schüren, noch verschärft durch die Bedrohung geplanter Terroranschläge oder den Druck durch ökonomische Faktoren. Auch die

Zukunft des Lebens auf dem Planeten selbst ist im ökologischen Sinn unsicher geworden…

Der nach Hilfe suchende Autofahrer verweist mit der Drachenmaske auf seinem Gesicht symbolisch auf das stärkste Heilmittel, die Probleme, die den modernen Menschen plagen, zu lösen.

Anstatt außerhalb von uns selbst nach Lösungen zu suchen, sollten wir wieder Zugang zu der Quelle von heilenden Potentialen wie Frieden und Weisheit finden, die durch Gaias Drachenkräfte in uns selbst verkörpert sind.

Das ist leicht gesagt. Aber wie sollen wir uns den Weg zur Kooperation mit der Drachenwelt eröffnen, ohne von ihrer gewaltigen Kraft verbrannt zu werden, die wir – ihren schattenhaften Aspekt betreffend – von den Bildern der Atombombenexplosionen kennen?

Zum einen sei betont, dass auch Drachenweisheit und Drachenkraft auf Anhieb keine direkten Lösungen für unsere Alltagsprobleme bringen können. Ihre wertvolle Funktion besteht darin, Wesen und Energien des Wandels zu aktivieren, die Träger von helfenden Strategien sind.

Zum anderen ist die Drachenkraft als Bewusstsein und Energie zu stark, um im menschlichen Körper eine dauerhafte Heimat zu finden. Um eine partnerschaftliche Beziehung mit dem Drachen in uns zu entwickeln, sollten wir seine Berührung in unserem Körper auf eine Art und Weise einladen, wie es im Fall des persönlichen Rituals im 4. Kapitel des vorherigen Teils des Buches beschrieben wurde.

Ich möchte auch meine Meinung zu bestimmtem Kundalini-Übungen kundtun, die sich zum Ziel setzen, spirituelle Fähigkeiten im einzelnen weiterzuentwickeln, tatsächlich aber Drachenkräfte nutzen – nicht unbedingt zum Wohl des Ganzen.

Auch sollten wir bedenken, dass Drachenkräfte jenseits von Raum- und Zeitstrukturen und den Bereichen der manifesten Welt pulsieren. Dennoch kennen sie Mittel und Wege, die verkörperten Ebenen der Existenz und die dazugehörigen Wesen zu berühren, um die intensiven Prozesse von Veränderung und innerem Wachstum freizusetzen. Worte sind nicht ausreichend, um diese Prozesse zu beschreiben. Das beste ist, die schöpferische Präsenz der primären schöpferischen Kräfte Gaias unmittelbar zu erfahren.

Kosmogramm – dem Feuerdrachen gewidmet

Das ist die Absicht der folgenden Übung. Sie betont die Bauchhöhle als die Region unseres Körper, die mit den Drachenkräften in Resonanz gebracht werden kann, die in Gaias Schöpfung überall um uns herum anwesend sind. Durch diese Resonanz können sie ihre Präsenz auch auf den menschlichen Körper ausdehnen, um uns ihre besonderen Gaben für unser Leben oder unsere Schöpfungskraft zu bescheren.

- Erkläre klar und deutlich in deinem Herzen und in deinem Geist den Grund, warum du die Drachenkraft einlädst, schöpferisch in der Welt tätig zu werden. Hüte dich vor selbstsüchtigen Absichten!
- Werde dir deiner Bauchhöhle (der Schale deines Beckens) als Resonanzraum bewusst, in dem die Anwesenheit der Drachenkraft mit ihrer Kraft und Weisheit in deinem Körper mitschwingen kann.
- Stelle dir vor, die Schale deiner Bauchhöhle bestünde aus Glas oder wertvollem Metall, ähnlich wie tibetische Klangschalen. Damit kannst du die Resonanzbrücke unterstützen, die du als nächstes aktivieren wirst.
- Dann bringe die Präsenz des Drachens dazu, sich ähnlich wie sein Atem spiralig durch die Bauchregion hindurchzubewegen und dabei gegen die Wände deiner »Klangschale« zu reiben. Höre auf den Klang, sieh auf die Farbe oder spüre die Energie, die durch das Reiben des Drachenatems gegen die Wände deiner Schale zum Leben erweckt wird.
- Leite die Farben, die Klänge oder die Energien, die der Schale als lebende Ströme entspringen, auf dein imaginäres Ziel hin, es umarmend und durchdringend.
- Wenn du deine Umgebung oder eine bestimmte Situation reinigen möchtest, so färbe die Ströme mit violetter Farbe. Wenn deine Intention darauf abzielt, die vitale Qualität des Orts anzuheben, dann färbe sie grün. Sie weiß zu färben, unterstützt die Qualität der Reinheit usw. Als Zugabe zur Grundfarbe füge immer ein wenig Gold hinzu, um die Präsenz der Drachen zu ehren.
- Vergiss nicht, dich zu bedanken.

5
Dynamit im persönlichen Gepäck und andere Herausforderungen

Die letzten Kapitel erweckten unsere Wertschätzung für den Reichtum des menschlichen Selbst, das unzählige Möglichkeiten für inneres Wachstum und Kreativität enthält und anderen Wesen Freude bringt. Wegen all des nutzlosen Gepäcks, das Leute unwissend auf ihrem Lebensweg mit sich herumschleppen, bleiben die meisten dieser Gaben unglücklicherweise als bloße Potentiale blockiert, selbst wenn das Einzelwesen deren Existenz bewusst wahrnehmen sollte. Entweder wissen wir nichts von diesen destruktiven Mustern, die wir als Ballast in unserem Körper tragen, oder wir fürchten die traumatischen Knoten, die im menschlichen Unterbewusstsein verschüttet sind.

Der folgende Traum vom Herbst 2018 hielt mich dazu an, erneut intensiv daran zu arbeiten, meinen Speicher zu leeren. Ich erzähle seine Geschichte, weil er gut die drei Aspekte des »persönlichen Gepäcks« beschreibt, mit denen wir uns auseinandersetzen sollten, bevor wir in die intensiveren Phasen des Erdumwandlungsprozesses eintreten.

Wir kommen gerade mit dem Bus am Busbahnhof an. Ich sollte mit meinem Gepäck eigentlich gleich über die Straße hinweg zum Bahnhof rennen, um dort meine Reise mit dem Zug fortzusetzen. So weit ich mich erinnere, ist die Zeit, um vom Bus in den Zug zu wechseln, ziemlich knapp bemessen, so dass ich mich beeile, den Bus zu verlassen. Doch der Fahrer macht mich nervös, indem er mich aufhält, gerade als ich durch die offene Vordertür nach draußen springen will. Der Grund dafür ist ein Telefonanruf meiner Frau, die ihn genau in dem Moment anruft – mein Handy war ausgeschaltet. Um mich zu identifizieren, höre ich den Fahrer sagen: » Meinen Sie den Mann, der dieses enorm dicke Buch unter seinem Arm trägt?« Ich erkläre ihm, dass ich gerade jetzt nicht mit meiner Frau sprechen möchte, da ich nach meinem Gepäck suchen und zur Bahnstation eilen muss.

Dieser Prolog beschreibt den Rahmen, in dem sich die Botschaft des Traumes später noch weiterentwickelt. Uns wird mitgeteilt, dass eine große Veränderung bevorsteht, und wir werden gebeten, aufmerksam zu sein und uns darauf vorzubereiten. Die Stimme Gaias spricht zu dem Busfahrer und betont, dass wir unnötiges Gepäck loswerden sollten, wenn wir in den Zug einsteigen wollen, der in Richtung der zukünftigen Erde unterwegs ist. Das ungeheuer dicke Buch, das ich – ohne mir dessen bewusst zu sein – unter dem Arm trage, ist ein Symbol dafür.

Ich lasse meine Frau am Telefon warten und renne los, um mein Gepäck zu finden. Inzwischen sind unsere Koffer ausgeladen und in einer Reihe aufgestellt, damit wir den eigenen finden können. Ich renne die Reihe auf und ab, kann meinen Koffer jedoch nicht finden. Na klar, denke ich, ich habe den Koffer für die Reise ja von einer fremden Person ausgeliehen und kann mich jetzt nicht daran erinnern, wie er aussah…

Aber als ich später daran arbeitete, den Traum zu deuten, ging mir auf, dass der erwähnte Grund, den Koffer nicht zu finden, ein Schwindel war. Tatsächlich steht der Koffer für eine der traumatischsten Erfahrungen in meinem Leben, die mir soviel Angst einjagte, dass ich sie nicht einmal mehr erinnern wollte. Später – in meiner Imagination – erkannte ich den Koffer und öffnete ihn. Ein kleiner Junge, vollkommen schwarz und mir unbekannt, sprang aus dem leeren Koffer in meine Arme. Er symbolisierte einen vergessenen Seelenaspekt, der mich jetzt daran erinnerte, dass ich als fünfjähriger Junge schwer traumatisiert wurde, als ich wegen einer Diphtherie eine sechs Monate lange Quarantäne erdulden musste. Ich verlor zeitweise meine Stimme und erkannte meine Eltern nicht, als sie kamen, um mich aus dem Krankenhaus abzuholen.

Während ich noch meinen Koffer suche, überkommt mich das starke Verlangen, genau wissen zu wollen, wann mein Zug abfährt, um mir klar darüber zu sein, wie viel Zeit mir noch für den bevorstehenden Wandel bleibt. Tatsächlich entdecke ich in meiner Hand eine längliche Kiste mit allen möglichen Zugfahrplänen. Als ich sie durchsehe, entdecke ich, dass sie alle veraltet sind, Während ich all das unnütze Papier durchsuche, bin ich mir gleichzeitig darüber im klaren, dass ich in meiner Brieftasche ein Stück Papier mit dem aktualisierten Fahrplan habe; aber da ist dieses Gefühl von Dringlichkeit, als hätte ich nicht genügend Zeit, die Brieftasche hervorzukramen, um nach der genauen Abfahrtzeit des Zugs zu schauen.

Die Sprache des Traumes ist sehr klar, auch in dieser Sequenz. Im Zeitalter des Internet haben wir Zugang zu einer Unmenge von Daten. Aber wie die papiernen Fahrpläne in meiner Kiste, beziehen sie sich diese alle auf die Vergangenheit, weil sie das Gesetz der Stunde nicht kennen. Der Traum macht klar, dass die Menschen den Zweck ihres Lebens zu diesem Zeitpunkt genauso kennen könnten wie den Zeitplan ihrer gegenwärtigen Inkarnation. Beides ist im Gedächtnis unseres kausalen Körpers eingeschrieben. Aber anstatt nach innen zu lauschen, orientieren wir uns meist nach vorherrschenden Ideologien, Denkmustern und oberflächlichen Informationen.

Der Traum geht weiter mit der Geschichte des dicken Buches. Ich empfinde einen großen Widerstand, es mit mir zu nehmen, doch ich weiß, dass es zu mir gehört und ich verpflichtet bin, es mitzunehmen. Ich finde es in einem großen, umzäunten Bereich auf dem Boden liegend. Zu meiner Überraschung hat jeder Busreisende sein eigenes Buch – sie alle liegen dort, nicht nur das meinige. Sie sind verschieden groß, aber meins scheint besonders dick zu sein. Ich habe den starken Wunsch, es loszuwerden, finde aber keine Stelle, wo ich es ablegen könnte.

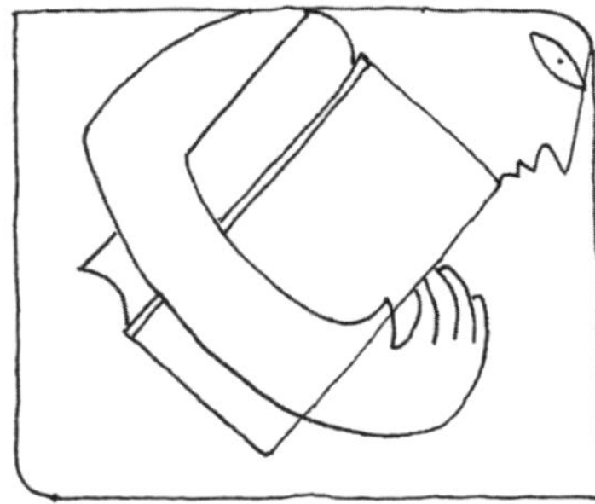

Der Traum vom dicken Buch

Als ich meditativ mit dem Bild jenes Buches arbeite, finde ich heraus, dass es einem Wörterbuch ähnlich sieht. Unzählige Phrasen sind dort wie Gen-Sequenzen niedergeschrieben, die sich auf verschiedene Verbindungen beziehen, die in dem interzellulären Raum des menschlichen Körpers auf den atomaren und subatomaren Ebenen eingeschrieben sind. Es ist die Region unseres Körpergedächtnisses, das sich auf einer noch tieferen Schicht unseres Seins befindet als das von uns so benannte Unterbewusstsein. Wir können uns diesen Bereich als die Ebene vorstellen, wo sich Atome verbinden, um Zellen zu formen, oder auch als die Ebene, auf der die Drachenkräfte tätig sind.

Die Verbindungen, die auf dieser Ebene geschaffen werden, beeinflussen bis zu einem gewissen Grad unser Bewusstsein und folglich auch unsere Taten – sei es zum Guten oder Bösen. Wenn diese Verbindungen auf die gegenwärtige Entwicklung der Erde oder des Universums und auf den spirituellen Zweck jedes einzelnen Lebens eingestimmt sind, dann ziehen sie unterstützende Kräfte und Inspirationen des eigenen kosmischen Umfelds an.

Wenn jene interzellulären Verbindungen eine Reproduktion vergangener Muster sind, die ihre Beziehung zum gegenwärtigen Moment verloren haben und nicht mehr im Einklang mit der aktuellen Phase der Entwicklung der Erde und des Universums sind, dann behindern sie die spirituelle Entwicklung des einzelnen Menschen und stellen einen Störfaktor für sein Leben und seine Schöpfungskraft dar.

Es gibt eine Art von behindernden interzellulären Verbindungen, die entstehen, wenn bestimmte dogmatische Ideen in das Gedächtnis eines einzelnen Menschen von einer Inkarnation zur nächsten eingeprägt werden.

Hier einige Beispiele:

Seit mehreren Tausend Jahren patriarchaler Herrschaft entwickeln sich die meisten menschlichen Kulturen mit der fixen Idee, dass die männliche Dominanz über feminine Qualitäten ein natürliches oder sogar kosmisches Gesetz sei. Die Überzeugung, dass unser physisch manifester Raum die einzig wirkliche Realität sei, ist ein anderes lang bestehendes Dogma. Ein weiteres Beispiel ist die Überzeugung, dass der Mensch höher gestellt sei als alle anderen Wesen der manifesten Welt und diese deshalb beherrschen sollte. Die Liste könnte noch viel länger sein!

Eine andere Art interzellulärer Verbindungen mit negativen Auswirkungen auf unsere Leben ist ausschließlich persönlichen Ursprungs. Traumatische Ängste oder ideologische Vorurteile hinterlassen tiefe Kerben in den subelementaren Schichten. Es gibt auch Spuren ungelöster Tragödien aus früheren Leben. Zerstörte lang andauernde Beziehungen können unerlöste Spuren hinterlassen usw.

Meine Praxis besteht darin, aufmerksam zu sein und wahrzunehmen, wenn ungewöhnliche Situationen im täglichen Leben auftauchen, besonders, wenn sie sich einem bestimmten Rhythmus folgend wiederholen. Oft handelt es sich um kodierte Botschaften, welche die betreffende Person dazu drängen, im eigenen Keller für Ordnung zu sorgen. Träume können eine große Hilfe sein, das in unserem persönlichen Gepäck versteckte Dynamit aufzuspüren. Vertraue deiner inneren Stimme, deinen Helfern und deinen Verbündeten auf den verschiedenen Existenzebenen, dass sie dir alte, nicht mehr gültige Muster, versteckte Traumata oder interzelluläre Verbindungen bewusst machen, die in einem bestimmten Moment umgewandelt und von deiner individuellen Welt losgelöst werden müssen. Bitte deine Verbündeten um Hilfe.

Im Fall nicht mehr angemessener oder sogar zerstörerischer Muster kannst du das persönliche Ritual der Entkopplung anwenden, das ich in Bali erhalten habe. Es ist im ersten Kapitel des ersten Teils unserer Reise beschrieben. Im obigen Traum werden jene Muster durch die Schachtel mit den unnützen Fahrplänen symbolisiert. Sie sind auf ziemlich oberflächlichen, emotionalen oder mentalen Ebenen eingeprägt.

Traumatische Knoten sind im obigen Traum durch den scheinbar verlorenen Koffer dargestellt. Diese Art von »Dynamit in unserem Gepäck« ist schwieriger zu lösen. Das bereits vorgestellte persönliche Ritual der heilenden Träne der Gnade kann dabei von großer Hilfe sein, ebenso das im vorigen Kapitel zur Unterstützung angebotene Drachenritual.

Der obige Traum weist auch auf die Existenz einer dritten Ebene des problematischen Gepäcks hin. Durch das dicke Buch, das der Träumer unter dem Arm trägt, klopften die interzellulären Verbindungen an die Tür meines Bewusstseins. Doch als ich versuchte, die äußerst tiefe Schicht zu erreichen, in der sie existierten, fühlte ich mich hoffnungslos – bis der Canal Grande in Venedig durch das Angebot eines nützlichen Handrituals seine Hilfe anbot.

Das Canal Grande Ritual wurzelt in der einzigartigen Struktur des Kanals. Diese zeigt die umgekehrte Form des Buchstabens »S«. Die zwei Halbkreise des »S« sind plus-minus polarisiert. An dem Punkt, wo beide Gegensätze sich treffen, verbindet sie die berühmte Rialto-Brücke, indem sie das Gleichgewicht zwischen der irdischen und der kosmischen Hälfte des Canal Grande hält – sich auch auf das planetarische Gleichgewicht im allgemeinen beziehend. Bis vor hundert Jahren war die Rialto-Brücke die einzige, die sich über den Kanal wölbte, um dessen spirituelle Funktion hervorzuheben. Hier ist die Übung:

- Halte deine Hände vor dem Brustkorb. Bring Daumen und Zeigefinger der jeweiligen Hand zusammen, so dass sie einen Kreis bilden; gleichzeitig berühren sich Daumen und Zeigefinger beider Hände so, dass beide Kreise miteinander verknüpft sind. Die Kreise sind jetzt mit den beiden Halbkreisen des Canal Grande in Resonanz, während der Punkt der Verflechtung mit der Rialto-Brücke mitschwingt.

Die obige Übung entwickelte später zwei verschiedene Aspekte des Canal Grande Rituals. Das erste dient dazu, die überholten Verbindungen auf der interzellulären Ebene zu lösen; das zweite soll unverbrauchte, für die Zukunft offene Verbindungen neu erschaffen.

Gaia Touch Ritual um überholte Verbindungen zu löschen und neue auf der interzellulären Ebene zu erschaffen

- Wir beginnen mit dem Löschen der überholten Information. Während die oben beschriebene Verbindung zwischen Daumen und Zeigefingern gehalten wird, solltest du die Verbindung fünf Mal lösen, indem du eine möglichst große Distanz zwischen den Daumen und Zeigefingern entstehen lässt. Wir wiederholen diese Geste fünf Mal, um uns auf alle fünf Elemente zu beziehen: Wasser, Feuer, Erde, Luft und deren (ätherische) kausale Ebene.

- Nachdem du die Übung der Entkoppelung mit dem Zeigefinger gemacht hast, führe sie auch mit den anderen drei Fingern aus. Das Löschen der überflüssigen subelementaren Verbindungen ist vollendet.
- Jetzt solltest du mit irgendeiner Übung fortfahren, um die Reste der übrig gebliebenen Energie der gelöschten Verbindungen umzuwandeln. Für diesen Zweck kannst du das violette Licht von den Zentren deiner Hände ausstrahlen. – Violett ist die Farbe der Umwandlung.

Die Übung geht weiter, indem wir eine erneuerte Verbindung erschaffen, die mit dem gegenwärtigen Moment im Einklang ist.

- Der »positive« aufbauende Teil der Übung beginnt wieder damit, dass die Verbindung zwischen Daumen und Zeigefinger gehalten wird. Dieses Mal löse die Verbindung zwischen Daumen und Zeigefinger nur für einen kurzen Moment, indem du eine Distanz zwischen Daumen und Zeigefinger entstehen lässt.

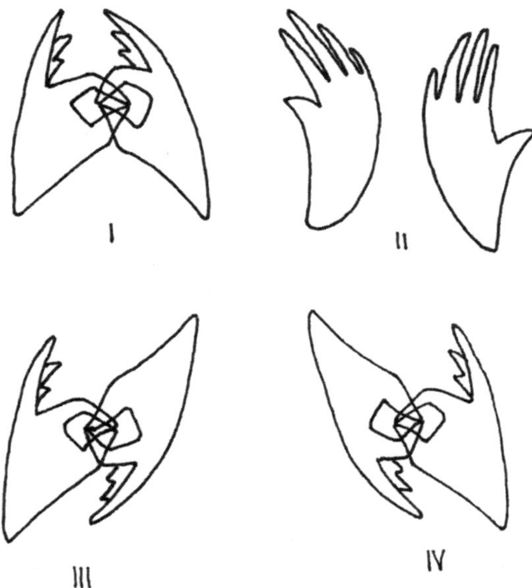

Gaia Touch Ritual um überholte Verbindungen zu löschen und neue auf der interzellulären Ebene zu erschaffen

- Sofort, nachdem du die Verbindung zwischen den beiden Fingern (Daumen und Zeigefinger) für einen Moment gelöst hast, dreht sich die linke Hand nach links und die rechte Hand nach rechts. Im nächsten Moment berühren sich Daumen und Zeigefinger wieder. Die Verbindung zwischen ihnen wird so wieder hergestellt, **aber von der anderen Seite.**
- Nachdem du die Verbindung mit den Zeigefingern und den Daumen fünf Mal hergestellt hast, mache weiter, indem du die anderen Finger und den Daumen nacheinander auf die gleiche Art und Weise wieder neu verbindest.

Wenn du sicher sein willst, dass du die neuen subatomaren Verbindungen im Einklang mit dem neuen Realitätsraum erschaffen hast, kannst du – bevor du mit der Neuerschaffung der Verbindungen beginnst – ein paarmal das Gaia Touch Ritual durchführen, um dich mit der neuen Erde des Luftelements in Einklang zu bringen, das ich im ersten Kapitel des ersten Teils des Buches dargestellt habe.

6
Das menschliche Herzsystem als kosmische »Liebesmaschine«

Durch die gegenwärtigen Erdveränderungen nähern wir uns der Schwelle eines einzigartigen Portals. Es gibt jedem die Freiheit zu entscheiden, wie ihre oder seine Zukunft und folglich die globale Zukunft aussehen soll. Wir können auf den vorhandenen Spuren der Evolution weitermachen. Aber macht euch klar, dass es unter der Bedingung sich schnell verschlechternder Umweltbedingungen, sozialer Spannungen und politischer Reibungen unsicher ist, wo die vorgegebene Zivilisation landen wird.

Mit dem vorliegenden Buch versuche ich einen alternativen Weg durch dieselben ziemlich komplizierten Situationen hindurch nach vorn aufzuspüren, indem ich jedoch einem anderen Denkansatz folge, der auf Weisheit und der Kraft der Liebe beruht. Ich habe die Absicht, einen Pfad zu finden, der durch die erwähnten Katastrophen hindurchführt, ohne sie jedoch zu ignorieren, um einem Zeitalter des Friedens und der schöpferischen Freiheit entgegenzugehen. Glaubt nicht, dass ich ein Träumer bin!

Ich wage es, eine solche Aussage zu machen, weil ich während der letzten beiden Dekaden eine unerwartete Offenbarung von Kraft und Liebe beobachtete. Verschiedene Dimensionen, die normalerweise als »das Herzchakra« bezeichnet werden, öffnen sich eins nach dem anderen. Anstatt eines einzelnen Herzchakras, musste ich die Existenz eines vollständigen »Herzsystems« erkennen, welches das gesamte menschliche Wesen umfassen könnte, wenn es in seiner Bandbreite und seiner Bedeutung für das Leben erkannt würde.

Praktisch Schritt für Schritt entdecke ich ein vollständiges geomantisches System, das im Ganzen des menschlichen Körpers und Seins schwingt. Ich nenne es »geomantisch«, weil es den vitalen Energiesystemen ähnelt, die Landschaften und Ozeane der Erde durchdringen.

Ausgehend von meinen eigenen Erfahrungen, glaube ich, dass das liebende Herzsystem uns als Menschen auf eine andere Existenzebene heben kann, um »durchs Feuer zu gehen, ohne verbrannt zu werden«. Ich wage sogar zu behaupten, dass andere Wesen des manifesten Universums den Menschen als den potentiellen Bewahrer des Schlüssels betrachten, um die auf Liebe basierende Dimension für uns alle zu öffnen, während wir den unberechenbaren Erdwandlungen entgegensehen.

Die Enthüllung des holistischen Herzsystems begann am Ziel des berühmten Pilgerpfads in Santiago di Compostella in Spanien. Als ich bei der Kathedrale ankam und an der überladenen barocken Fassade entlangging, hob ich meinen Blick zu der altertümlichen Christusfigur empor, die über dem originalen Portal aus der romanischen Ära hing. Sofort erkannte ich, dass er die ankommenden Pilger nicht auf die übliche Art und Weise segnet. Stattdessen zeigt er die Geste zum Öffnen des Herzzentrums. Seine Hände bewegen sich mit offenen Handflächen auseinander, indem sie auf dem ganzen Weg nach hinten den Körper berühren.

Als ich die Geste bei mir selbst ausprobierte, bemerkte ich, dass die Fähigkeit, mit der Kraft der Liebe in die Welt hineinzustrahlen, zunimmt. Sie nimmt sogar noch mehr zu, wenn ich die Geste besonders langsam ausführe und dabei fühle und beobachte, wie sich verschiedene Qualitäten der Liebe öffnen und auszustrahlen beginnen. So wurde der erste Teil des Gaia Touch Rituals zur Herzöffnung geboren. Es kann als Ritual angewendet werden, auch wenn es sich noch nicht auf das vollständige Herzsystem bezieht.

Gaia Touch Körperritual um das Herzsystem zu öffnen – kurze Version

- Halte deine Hände vor deinem Herzzentrum aufgerichtet und bilde eine Gebetsgeste.
- Wenn du bereit bist, beginne deine Hände langsam zu öffnen, als ob sich ein Tor öffnen würde.
- Wenn die Rückseiten deiner Hände vor deiner Brust liegend angekommen sind und es nicht mehr weitergeht, vervollständige die Bewegung

des sich öffnenden Tors in deiner Vorstellung, bis die Flügel deines Tors sich schwungvoll und vollständig nach hinten öffnen.

- Jetzt scheint das Licht deines Herzens frei in die Welt hinein, um das Leben in dir und um dich herum zu segnen.
- Das persönliche Ritual ist beendet, indem du zur ursprünglichen Gebetsgeste zurückkehrst, was als Danksagung gilt und das Tor wieder schließt.

Es dauerte einige Jahre, in denen ich das Ritual mit verschiedenen geomantischen Gruppen durchführte, bevor ich den rückwärtigen Aspekt des Herzsystems erkannte. Danach veränderte sich das Ritual, indem der Rückweg beider Hände benutzt wurde, um die hintere Seite des Herzsystems zu öffnen.

In dem Buch »Universum des menschlichen Körpers« erkläre ich im Detail die Bedeutung des kausalen Herzsystems, das am Rücken des Herzchakras fokussiert ist.

Ich präsentiere den vorderen Aspekt des Herzzentrums als eine Anhäufung von Mikro-Herzzentren, die verschiedene Qualitäten von Liebe verkörpern. Sie können durch das obige Gaia Touch Ritual erfahren werden, wenn das Öffnen des vorderen Aspekts des Herzens extrem langsam durchgeführt und von intuitiver Wahrnehmung begleitet wird. Seine Aufgabe ist es, verschiedene Schattierungen der Liebe in die Welt zu bringen.

In diesem Kontext kann die Rückseite des Herzzentrums als eine Anhäufung winziger Sterne angesehen werden. Sie enthalten archetypische Qualitäten der kosmischen Liebe. Sie sollen die menschliche Fähigkeit zu lieben befördern, indem sie verschiedene Aspekte des universalen Herzens im kausalen Bereich des menschlichen Körpers verankern.

Man kann sich die Zusammenarbeit des hinteren und vorderen Aspekts des menschlichen Herzsystems in der Form einer Lemniskate – der Figur einer liegenden »8«, dem Symbol der Unendlichkeit – vorstellen. Die vordere Schlaufe der Lemniskate umfasst die Häufung der Herzzentren, die zur manifesten Welt hin geöffnet sind. Die hintere Schlaufe bezieht sich auf die erwähnten Konstellationen der Mini-Sterne. Was normalerweise als »Herzchakra« bezeichnet wird, erscheint an dem Punkt, wo sich die beiden Schlaufen der »8« kreuzen. Die Kreuzung stellt ein interdimensionales Portal dar, das die Kommunikation zwischen denen in der manifesten Welt und jenen am Rücken wirkenden Mikrozentren des Herzens ermöglicht. Das ist der Grund, warum das Herzzentrum als die Quelle der Herzqualitäten erscheint, auch wenn sie nur dann existieren können, wenn beide Cluster miteinander kommunizieren. Als Resultat der anhaltenden Enthüllungen des Herzsystems entwickelte sich das obige Ritual weiter.

Gaia Touch Körperritual zur Öffnung des eigenen Herzsystems – längere Version

- Halte deine Hände vor deinem Herzzentrum in Form einer Gebetsgeste.
- Wenn du bereit bist, öffne deine Hände sehr langsam, als ob sich ein Tor öffnen würde. Achte darauf, dass du die Hände so nah wie möglich entlang deines Brustkorbs bewegst.
- Mache eine kurze Pause, wenn es nicht mehr weitergeht. Jetzt scheint das Licht des Clusters deiner Herzzentren frei in die Welt hinein, um das Leben in dir und um dich herum zu segnen.
- Indem du langsam zur ursprünglichen Gebetsgeste zurückkehrst, öffnest du das hintere System deines Herzens.
- Während du die Arme nach vorne bewegst, solltest du sie auf eine horizontale Ebene heben, so dass der hintere Raum und der Rücken mehr betont sind.
- Versuche die Existenz der kostbaren Brennpunkte der universellen Liebe an deinem Rücken zu spüren.
- Die abschließende Gebetsgeste sollte als eine Geste der Dankbarkeit verstanden werden.

Während der letzten Jahre wurde das persönliche Gaia Touch Ritual durch verschiedene neue Aspekte ergänzt. Bevor ich sie in das Ritual integriere, möchte ich sie zunächst beschreiben:

Wir haben uns bereits mit dem elementaren Herzen befasst. Es stellt ein holographisches Teil oder Fraktal des Herzens der Erde im menschlichen

Wesen dar. Durch das Zentrum des elementaren Herzens, das am unteren Ende des Brustbeins positioniert ist, sind wir Teil des Herzsystems Gaias. Es durchdringt die Landschaften der Erde und ist in einer Mikroform in jedem Naturwesen vorhanden.

Zudem schließt das Ritual jetzt die Wurzeln des Herzsystems mit ein, die im Bauch, der Region des persönlichen Drachens, verankert sind. Die Drachenkraft, die in unserer Beckenschale fokussiert ist, gibt den liebenden Impulsen des Herzens die Kraft, alle möglichen Hindernisse zu überwinden und so weit zu kommen, wie wir möchten.

Außerdem wird der Körperbereich der Kehle mit eingeschlossen, um die schöpferischen Fähigkeiten der Liebe zu unterstützen. Zuletzt finden auch die Hände ihren Platz im Gaia Touch Ritual, um die volle Liebe zu erwecken, indem die Potentiale des menschlichen Herzsystems geteilt werden. Die Hände symbolisieren den Willen, Liebesimpulse in bestimmten Situationen des alltäglichen Lebens in die Tat umzusetzen.

Das vollständige Gaia Touch Ritual zur Aktivierung des menschlichen Herzsystems folgt hier.

Gaia Touch Übung, um das eigene Herzsystem zu öffnen – vollständige Version

- Geh mit deinen Händen tief hinunter in den Bereich um deinen Bauch herum, um dich mit dem persönlichen Drachen zu verbinden, der das Wurzelsystem des Herzens repräsentiert. Dabei drehe die Arme so, dass sich deine Handrücken berühren.
- Dann beginnst du, die Arme zu heben, bis du die Ebene des elementaren Herzens erreicht hast, die sich am unteren Ende des Brustbeins befindet. Beim Anheben der Arme drehen sich die Hände in eine normale Position und bilden vor dem elementaren Herzen eine Schale. (Fingerspitzen zeigen nach unten.)
- Bewege nun die Hände drei Mal nach innen und wieder nach außen, als bildeten sie die Herzmuskeln, die durch Anspannung und Erschlaffung den Herzschlag hervorrufen.
- Jetzt hebe deine Hände zu der traditionellen Gebetsgeste und berühre dabei den Bereich der Herzmitte.

- Nach einer kurzen Pause beginnst du, deine Hände ganz langsam auseinanderzuziehen, als ob sich ein Tor öffnen würde. Die Hände sollten dabei so nah wie möglich am Körper entlangbewegt werden.
- Wenn es nicht mehr weitergeht, mach eine kleine Pause. Jetzt erstrahlt das System deiner Herzzentren im vollen Licht, um das Leben in deinem Innern und um dich herum zu segnen.
- Indem du deine Hände wieder langsam zur ursprünglichen Gebetsgeste zurückbewegst, öffnest du das im Rücken liegende System des Herzens, das für Inspirationen der kosmischen Liebe offen ist. Wenn du deine Hände vor dem Brustkorb zusammendrückst, sollten die

Gaia Touch Übung, um das eigene Herzsystem zu öffnen

Arme dabei leicht angehoben werden, damit die Rückenöffnung klar ausgeprägt ist. Spüre dabei die Existenz der wertvollen Brennpunkte der universalen Liebe an deinem Rücken.

- Jetzt hebe deine Hände – immer noch in der Gebetsgeste –, bis du die Spitze deines Kinns berührst, um den schöpferischen Aspekt deines Herzens zu unterstützen.
- Dann öffne deine Arme weit, um deine Bereitschaft zu zeigen, die Liebe des Herzens durch deine Hände in die Tat umzusetzen.
- Danach kehrst du wieder zur Gebetsgeste vor dem Herzzentrum zurück und bringst das Ritual zum Abschluss, indem du es in der umgekehrten Reihenfolge abschließt: Öffne das Herz vorne und danach am Rücken, gehe mit den Händen hinunter zum elementaren Herzen, wo diese wie vorher dreimal das Pulsieren des elementaren Herzens nachbilden, um dann wieder zur Bauchmitte zurückzufinden – so wie am Anfang. Es ist gut, das Ritual zweimal zu wiederholen.

7
Eine nicht-hierarchische Beziehung zum Göttlichen jenseits institutioneller Bindung

Um dem universal Göttlichen einen Namen zu geben, vermeide ich absichtlich den Ausdruck »Gott«. Ich möchte neben dem maskulinen auch den femininen Aspekt würdigen.

Doch ist das nicht das einzige Thema hinsichtlich des menschlichen Verhältnisses zum göttlichen Raum, das in der gegenwärtigen Epoche nach einer Änderung verlangt. Die nicht-hierarchische und jenseits von Institutionen liegende Beziehung zum Göttlichen, die in Einklang mit dem Zeitalter des Wandels ist, könnte am besten durch meinen folgenden Traum vom 16. Oktober 2016 vermittelt werden.

Ich stehe an einer Stelle, die den Blick über eine große Straße freigibt, und beobachte den ständigen Strom fahrender Autos. Zu meiner Überraschung entdecke ich zwischen all den Autos einen hohen weißen Wagen, der von zwei weißen Pferden gezogen wird. Ich frage mich, ob vielleicht ein Zirkus in unserer Stadt auftritt. Der Wagen wendet und hält an einer Straßenseite. Er parkt so nah, dass ich jedes Detail beobachten kann. Der Wagen wird von einem Mädchen und einem Jungen gelenkt, allem Anschein nach zwei Kinder, doch meinen Gefühlen entsprechend, ganz erwachsene Personen.

Eine Stimme sagt, dass der Wagen nur noch heute in unserer Stadt ist.

Während sie in einer Art von großem Korb hoch oben auf dem Wagen stehen, machen das Mädchen und der Junge einladende Gesten, die von einem tiefen Gefühl der Liebe begleitet werden. Diese richten sich an alle Kinder der Stadt und laden sie dazu ein, zu dieser seltsamen einem Korb ähnlichen Plattform zu kommen. Ein Junge mit dunkler Hautfarbe nähert sich als erster. Überraschenderweise kennen die zwei Einladenden seinen Namen. Indem sie ihn bei seinem Namen rufen, empfangen sie ihn mit einem Gefühl überwältigender Liebe. Erst jetzt bemerke ich, dass der Wagen in eine fast unsichtbare, dünne Folie eingewickelt ist.

Auch meine drei kleinen Töchter haben den Ruf vernommen und rennen zu der Treppe, die zu der Plattform hoch oben auf den Wagen führt. Die Älteste steigt bis nach oben, während die zwei anderen zögernd auf der Treppe stehenbleiben. Es gefällt mir nicht, dass sie zögern.

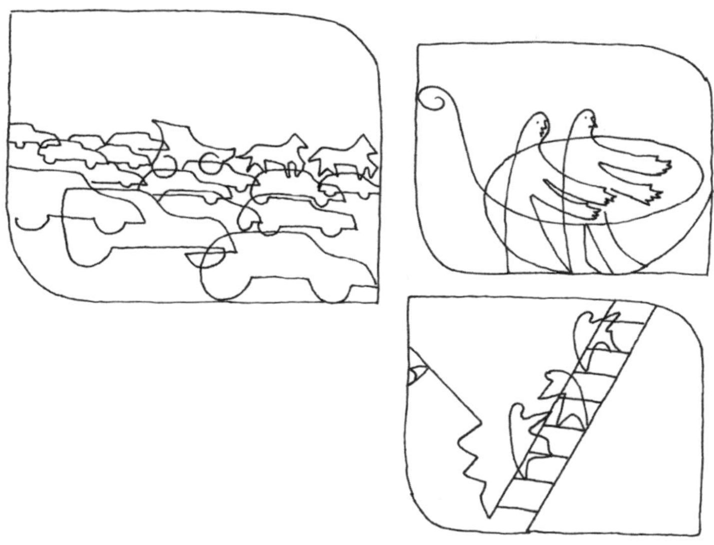

Der Traum vom weißen Wagen

In meine Erinnerung ist dieses unbeschreibliche Gefühl der Liebe, das von den beiden Wagenlenkern ausgeht, tief eingeschrieben. Wenn ich außerdem in Betracht ziehe, dass sie gleichzeitig Kinder und erwachsene Personen sind, ist anzunehmen, dass sie in einer zeitlosen Sphäre existieren, sozusagen in der Ewigkeit. Auch die Tatsache, dass ihr Wagen zwischen all den Autos als einzigartiges Phänomen in strahlendem Weiß erscheint, erlaubt die Annahme, sie als Repräsentanten der einen universalen Göttlichkeit anzusehen. Die fast unsichtbare Folie, in der ihr Wagen eingewickelt ist, unterstützt unsere Interpretation. Sie verweist auf eine göttliche Sphäre, die einer Dimension angehört, die – obwohl voll anwesend – von den menschlichen Sinnen nicht wahrgenommen werden kann.

Wenn ihr zustimmt, dass das erwachsene Mädchen und der erwachsene Junge für die Göttlichkeit und ihr Wagen für den Raum der göttlichen Präsenz steht, dann haben wir einen Schlüssel, um zu verstehen, was auf dieser erhabenen Ebene der Existenz neu ist.

Zuallererst möchte ich darauf verweisen, dass der göttliche Wagen sich mitten im Autoverkehr zeigt. Das Symbol spricht von der gegenwärtigen Beziehung zwischen der Erde und der göttlichen Dimension des Universums. Das Göttliche weilt nicht länger hoch oben im Himmel, sondern ist mittlerweile auf Erden inmitten des Chaos, das die moderne menschliche Kultur hervorgebracht hat, verkörpert.

Die Tragödie ist allerdings, dass immer noch nicht verstanden wird, dass die göttliche Anwesenheit im gegenwärtigen Moment der Erde, in all ihren Naturräumen und in der menschlichen Kultur eingebunden und an allem beteiligt ist, obwohl schon das Evangelium des Heiligen Johannes vor fast zweitausend Jahren in seinem Prolog feststellte, »dass das göttliche Wort sich verkörperte und unter den Menschen wohnte«.

Das Problem dabei ist, dass religiöse Institutionen die Worte des Heiligen Johannes ausschließlich auf die Vergangenheit beziehen, auf die Inkarnation von Jesus von Nazareth in Palästina zu Beginn des ersten Jahrtausend unserer Zeitrechnung. Schon die Worte im Prolog sind so überliefert worden, als ob die Anwesenheit der Göttlichkeit auf Erden ein Phänomen der Vergangenheit sei. Auch andere monotheistische Religionen binden ihre Propheten an vergangene Zeiten, sei es Moses oder Mohamed. Haben Religionen Angst davor, ihre Dominanz über Nationen zu verlieren, wenn das Göttliche mit seiner Forderung nach Gerechtigkeit und liebender Sorge für alle Wesen, sichtbare wie unsichtbare, hier und jetzt anwesend wäre?

Mein Traum ist in dieser Hinsicht sehr klar. Der weiße Wagen trägt beide Repräsentanten des Göttlichen mitten unter moderne Autos – nicht etwa in der Vergangenheit, sondern gerade jetzt – auch wenn die Autofahrer – jeder einzelne in seiner eigenen Maschine sitzend – glauben, dass sie hinter einem Wagen herfahren, der zu einem Zirkus gehört, der nur kurz zu Besuch ist.

Ferner finde ich es sehr wichtig, dass sich das Göttliche in obigem Traum als ausgeglichen zwischen ihren weiblichen und maskulinen Aspekten zeigt. Moderne spirituelle Bewegungen, die auf der christlichen Tradition basieren, nennen sie Sophia und Christus. Buddhisten würden sie als Tara und Buddha erkennen. In meinem Traum strahlten beide dieselbe Qualität von kosmischer Liebe aus, so dass ich sie fast als ein und dasselbe Wesen wahrnahm.

Als nächstes möchte ich betonen, dass das göttliche Paar keine erwachsenen Personen zu sich auf ihre Plattform rief. Ihre Aufforderung richtete sich ausschließlich an Kinder. Warum?

Nach meinem Verständnis stehen Kinder in ihrem Verhältnis zu erwachsenen Personen für den Seelenaspekt des Menschen. Ein neugeborenes Kind bringt in die relativ problembelastete Realität des manifestierten Lebens den feinstofflichen und reinen Atem der Seele. Das bedeutet, dass der Ruf der Göttlichkeit, sich wieder mit ihrer Essenz zu verbinden, sich nicht an verkörperte Menschen richtet, sondern an ihren Seelenaspekt.

Selbst wenn Menschen sich auf unterschiedliche religiöse Traditionen beziehen oder gar Atheisten sind, sie alle sind genau zum jetzigen Zeitpunkt eingeladen, dem Ruf der universalen Göttlichkeit zu folgen. Aber worum könnte es bei diesem Ruf gehen?

Da Menschen in ihrem Seelenaspekt angesprochen werden und nicht als Personen, die in ihren Autos sitzen, interpretiere ich diesen Ruf als einen, der Menschen daran erinnern soll, warum sie sich als Seelen entschieden haben, sich in diesem bestimmten Zeitalter zu inkarnieren, und der daran erinnern soll, wie wichtig es unter den gegebenen Umständen ist, sich auf der Seelenebene mit der göttlichen Dimension der Existenz zu verbinden, die normalerweise »die spirituelle Welt« genannt wird.

Die spirituelle Welt ist nicht identisch mit der Welt der Ahnen und Nachkommen. Die Welt der Ahnen und Nachkommen existiert auf feinstofflichen ätherischen Ebenen als verschiedene Gefilde, wo Menschen in ihrem Seelenaspekt in der Zeit zwischen zwei Verkörperungen verweilen.

Die spirituelle Welt dagegen gehört zu einer kosmischen Dimension der Existenz. Sie kann als das höhere Selbst der Menschheit verstanden werden, gebildet von hoch entwickelten Menschen und anderen Wesen, welche die göttliche Vision für die Entwicklung der menschlichen Gattung und ihre Teilnahme an der Evolution Gaias und deren Natur- und Kulturwelten aufrechthalten.

Wenn wir die spirituelle Welt betrachten, sprechen wir dann von der einen Göttlichkeit? Ja, aber diese hat gleichzeitig zwei Aspekte, den femininen und den maskulinen – und besteht zur gleichen Zeit auch aus einer Vielzahl von göttlichen Wesenheiten, die das ganze Spektrum der spirituellen Welt ausmachen.

Zuletzt müssen wir unser Augenmerk auch auf die Worte richten, »dass der Wagen nur noch heute in unserer Stadt ist«. Der Satz findet sein Echo in der Sorge des Träumers, der das Zögern seiner beiden Töchter auf der untersten Stufe der Treppe zur göttlichen Plattform nicht billigt.

Diese Sequenz interpretiere ich als Warnung, dass die Zeit reif ist, auf der Seelenebene die Entscheidung zu treffen, willens zu sein, seinen persönlichen Beitrag zum Erdumwandlungsprozess zu leisten, so dass die Zukunft des Lebens und seiner Wesen gesichert ist, auch wenn uns apokalyptische Zeiten erwarten mögen.

Um es noch einmal zu wiederholen: Der Ruf richtet sich nicht an menschliche Personen, die in den Hülsen ihrer Autos sitzen. Viele von ihnen sind noch nicht hinreichend erwacht, um eine solche Entscheidung treffen zu können. Und doch bestätigt der Traum, dass für die Gewährleistung einer sicheren Weiterentwicklung der Erdwandlungen die Entscheidung jetzt fallen sollte, selbst wenn die Menschen noch nicht bereit sind, es auf einer voll bewussten Ebene auszudrücken und in ihren Taten umzusetzen.

Im Moment reicht es aus, sich die Entscheidung der Seele bewusst zu machen, die wir im eigenen Herzen tragen und vielleicht symbolisch ausdrücken können, etwa durch ein selbst verfasstes Gebet der Verpflichtung oder durch ein persönliches oder ein Gruppenritual. Auch eine stille Entscheidung unter dem Stern deiner Seele zählt.

- Stell dir vor, wie du unter einem Nachthimmel mit unzähligen winzigen Sternen sitzt.
- Da gibt es einen besonders hell scheinenden Stern hoch oben hinter deinem Rücken, **so dass du ihn nicht sehen kannst.**
- Stell dir vor, wie du bis zu einem bestimmten Punkt zu diesem Stern emporgehoben wirst und bringe deine oben erwähnte Entscheidung zum Ausdruck.
- **Dort oben stehenbleibend**, berühre den Boden und erschaffe breite und tiefe Wurzeln, die sich in den Körper von Gaia graben.
- Auf diese Art und Weise kannst du erfahren, wie du den weiten Raum der Seele bewohnst. Erinnere dich daran, dass es nicht nötig ist zu sterben, um sich wieder mit dem eigenen Seelenkörper zu verbinden. Die Seele wandelt mit uns auf unserem irdischen Weg.

8
Übungen auf dem Weg des Lebens in der geistigen Haltung einer Pilgerschaft

Auf den obigen Traum bezogen, vermute ich, dass der Tag bald kommen könnte, an dem wir aus unseren Autos steigen und wieder lernen müssen, den Pfad unseres Lebens zu Fuß zu beschreiten.

Die Zeit ist reif zu lernen, wie wir laufen sollten, um unserer eigenen Essenz näherzukommen.

In der Tradition der Ureinwohner stellt das Laufen über die Erde eines der wichtigsten täglichen Rituale dar. Für sie bedeutet das Berühren der Erde im – meist barfüßigen – Laufen, ständig mit Gaia, der Mutter allen Lebens, verbunden zu sein.

Gehrituale auszuführen hat in der Epoche des kommenden Luftelements eine grundsätzlich andere Bedeutung. Die Erde ist nicht nur unter unseren Füßen, nicht nur verkörpert in der Schönheit des natürlichen Umfelds um uns herum. Gaia erscheint nun in unserem Bewusstsein als eine ko-kreative Partnerin. Ohne jeden Zweifel: Unser Körper ist identisch mit ihrem Körper, ebenso wie alle anderen Naturphänomene, die mit ihr identisch sind. Doch jetzt kommt eine andere Qualität der Beziehung zum Tragen, der die bisher unbekannte Synergie zwischen Körper und Bewusstsein vertraut ist.

Ich hoffe, dass die folgenden Gehübungen die einzigartige Beziehung zwischen dem Körper der Erde und des menschlichen Bewusstseins noch mehr verdeutlichen. Hier mein erster Vorschlag:

- Stell dir vor, dass du beim Gehen von einem roten Punkt begleitet wirst, der sich ungefähr drei Zentimeter unter deinen Füßen mit dir zusammen bewegt. Dieser Punkt stellt den tiefsten Brennpunkt deines Chakrensystems dar, welcher den Menschen mit dem Kern der Erde verbindet.

- Bleib ab und zu stehen und nimm die Erfahrung, die sich beim Gehen entwickelt, in dein Herz hinein, um dir ihrer Qualität bewusst zu werden. Nach einer kurzen Pause fahre mit dem Gehen fort und wiederhole die ganze Übung in diesem binären Rhythmus.
- Eine andere interessante Möglichkeit besteht darin, genauso zu laufen, aber sich dabei einen grünen Punkt zwischen den Knien vorzustellen. Knie kommen sehr leicht in Resonanz mit der Welt der Ahnen und Nachkommen.

Zusätzlich zu diesen beiden Vorschlägen ist es auch möglich, mit der Vorstellung zu arbeiten, einen goldenen Punkt über dem Kopf zu haben, der so hoch steht, dass du ihn gerade noch mit deinen Händen greifen kannst. Dieses Gehritual kann entlang einer Allee alter Bäume durchgeführt werden oder auch entlang der zentralen Achse einer gotischen Kathedrale.

Die folgende Laufmethode kann angewendet werden, um mit dem persönlichen elementaren Selbst in Berührung zu kommen. Erinnere dich daran, das Verhältnis zwischen dem spirituellen und dem elementaren Aspekt des Menschen zu klären (vergleiche Kapitel 2).

- Stell dir beim Gehen vor, dass ein Kind mit dir läuft; dessen Schultern sollten nicht höher sein als deine Knie.
- Durch diese Art des Laufens entsteht ein binärer Rhythmus. Während du einen Schritt tust, muss das Kind mehrere kleine Schritte machen, um mit dir mitzuhalten.
- Dieser binäre Rhythmus des Gehens kommt in Resonanz mit dem binären Rhythmus des Seelenzyklus in Beziehung zum Zyklus des elementaren Selbst.
- Bleibe ab und zu stehen und empfinde die Qualität, die sich in dir entwickelt. Jeder Halt kann einen anderen Aspekt deiner Beziehung zu deiner elementaren Schwester oder deinem elementarem Bruder in dein Bewusstsein bringen.

Eine andere Methode des Gehens bringt dich näher zu den kausalen Welten, die auf der rückwärtigen Seite des Körpers liegen.

- Beim Gehen halte ab und zu an und mache drei Schritte nach hinten. Die Schritte rückwärts sollten immer mit dem linken Fuß beginnen und in dem Bewusstsein, dass du dich dem »schwarzen Loch« der urbildlichen Welt annäherst.
- Nach den drei Schritten rückwärts mache eine Pause, um dir der Erfahrung bewusst zu werden.
- Geh weiter, bis du wieder anhältst, um vorsichtig die drei Schritte rückwärts zu tätigen.

Es macht großen Spaß, diese Gehrituale in einer Gruppe durchzuführen. In dem Fall bekommt eine Person aus der Gruppe die Aufgabe, ein Signal zu geben, an welcher Stelle wir anhalten, um in die Erfahrung einzutauchen, und wann wir wieder weitergehen.

Die folgende Aufgabe sollte in jedem Fall mit einer Gruppe durchgeführt werden. Nur der Geist der ganzen Gruppe ist stark genug, um zum Beispiel in das Innere eines Berges vorzudringen.

Mit dem folgenden Gruppenritual können wir verschiedenen Tiefen eines Orts begegnen und seine Unterwelt erleben.

- Die Gruppe steht vor einer Höhle, nahe an einem Berghang oder einer Bergwand.
- Die Gruppe steht mit dem Gesicht vor der Wand. Nach dem Einstimmen auf den Ort und nachdem wir um Erlaubnis gebeten haben, seine Unterwelt zu betreten, sollte die Gruppe auf der Stelle gehen, sich dabei also nicht vom Platz bewegen.
- Nach einer Weile gibt die Person, die die Gruppe führt, ein hörbares Signal, mit dem »Laufen« aufzuhören. Die folgende Pause dient dazu, sich auf die Erfahrung zu konzentrieren.
- Ein weiteres Signal folgt, und die Gruppe beginnt wieder, auf der Stelle zu gehen usw.
- Die Übung sollte mehrere Sequenzen umfassen. Dann ziehe einige rationale Gedanken in dein Bewusstsein, und schon bist du wieder heraus aus der Unterwelt. Bedanke dich.

Es gibt noch einige andere Gehübungen, die mit einer bestimmten Anzahl von Schritten vollzogen werden. Sie können entweder mit Hilfe der Beine ausgeführt werden oder einfach in der Imagination; entweder individuell oder in einer Gruppe.

- Um das Wassermilieu eines Orts zu erleben, solltest du vier Schritte rückwärts und sechs Schritte vorwärts machen.
- Die Schritte sollten genau einzeln nacheinander vollzogen werden, so dass sich ihre Anzahl klar in das universale Gedächtnis einprägt. Gehe mit dem rechten Fuß vorwärts und rückwärts mit dem linken.
- Dann mache eine Pause und sinniere über deine Erfahrung – in Wirklichkeit erlaubst du der Erfahrung langsam in dein Bewusstsein aufzusteigen. Dann wiederhole die Übung einige Male, um die Erfahrung zu vertiefen.
- Um die Anwesenheit der urbildlichen Drachenkraft zu erfahren, solltest du in gleicher Weise zwei Schritte vorwärts und acht Schritte rückwärts machen.

Gehübungen sind auch wichtig für die Erdung. Auch die grundlegenden Prinzipien für die Erdung verändern sich. Die übliche Methode zur Erdung, in der du dir vorstellst, ein Baum zu sein, der seine Wurzeln tief in die Erde senkt und seine Krone im Himmel verankert, kann vorläufig im Fall eines dramatischen persönlichen Verlusts der Erdung gut funktionieren. Aber grundsätzlich hält sie den einzelnen zu sehr am Boden gebunden. In Zeiten großer Veränderungen müssen wir flexibel sein, um uns in jedem Moment wie ein Fuchs bewegen zu können.

Und doch, auch unter solchen Bedingungen muss sich der Mensch erden, um nicht nur im illusionären Raum zu fliegen. In diesem Fall spreche ich von einer horizontalen Erdung.

- Stelle dir vor, dass dein Körper mit den verschiedenen Facetten und Elementen deines lebenden Umfelds verbunden ist – und zwar mit unzähligen kleinen Fäden, die an ihrem Ende mit Sensoren ausgerüstet sind. Durch die Empfindlichkeit jener Fäden empfängt der Körper in jedem Moment die Informationen, die für seine Stabilität in Raum und Zeit wichtig sind.

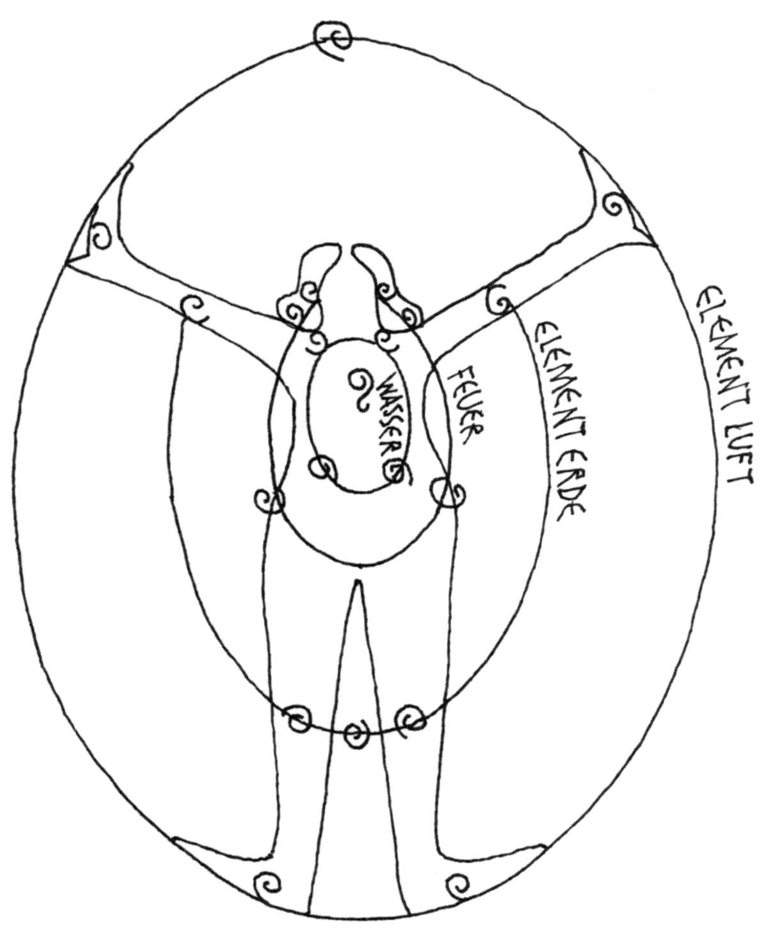

Das Fünf-Elemente-Chakrensystem

Die folgende Übung bietet die Möglichkeit, die Übungen zur Erdung mit dem Gehen in einem natürlichen Umfeld zu verbinden.

In diesem Fall sind zwei der Chakren des Luftelements beteiligt. Sie liegen in der Mitte der menschlichen Fußsohlen als Paar genau wie jene zwei, die im Zentrum unserer Handflächen liegen. In der christlichen Tradition werden sie Stigmata genannt, aber tatsächlich gehören sie zum zirkulären Chakrensystem und beziehen sich auf die fünf Elemente der westlichen Tradition.

Dieses Chakrensystem versuche ich in den meisten meiner Bücher hervorzuheben, da es einen femininen Charakter hat und damit im Gegensatz zur hierarchischen Ordnung der klassischen sieben Chakren steht, die eine männliche Vorherrschaft über die menschliche Kultur unterstützt.

Das feminine Chakrensystem ist im Herzzentrum fokussiert, welches das Ätherelement als fünftes Element repräsentiert. Der erste Kreis steht in Verbindung mit dem Wasserelement, der nächste mit dem Feuer. Um mit dem Erdelement fortzufahren, sollten wir aufstehen und Hände und Füße ausstrecken. Die Chakren des Erdelements liegen auf der Innenseite der Ellbogen und auf der Innenseite der Knie. Der äußerste Kreis ist in Resonanz mit dem Luftelement mit den bereits erwähnten Chakren, die in der Mitte der menschlichen Fußsohlen und im Zentrum unserer Handflächen liegen. Um die genaue Position der einundzwanzig Chakren des femininen Chakrensystems zu erkennen, vergleiche das Diagramm des Fünf-Elemente-Chakrensystems.

- Im Fall der vorgeschlagenen Gehübung arbeiten wir mit den Chakren der Füße. Stell dir vor, dass das Zentrum deiner Fußsohlen die Quelle einer Strahlung darstellt, die um deine Füße herum eine eigene Sphäre erschafft. Mache dir bewusst, dass die Chakren deiner Fußsohlen die heilige Beziehung zwischen deinem Körper und dem Kern Gaias darstellen.
- Während du gehst, vermischen sich die beiden Sphären deiner Fuß-Chakren zum Teil mit dem Boden, auf dem du läufst.
- Da du nicht beide Beine gleichzeitig anheben kannst, ist immer eines mit der Erde verbunden, während das jeweils andere sich frei bewegen

kann. Der binäre Rhythmus, auf der einen Seite verbunden zu sein, wechselt sich ab mit dem Gefühl, sich als freies Wesen des Luftelements zu bewegen, und stellt damit einen geeigneten Weg da, geerdet zu sein und sich doch im Einklang mit der sich verändernden Erde bewegen zu können.

- Mache hier und da eine Pause, um die Erfahrung in dein Herz hineinzunehmen und die neue Art und Weise, mit Gaia verbunden zu sein, zu spüren.

Teil 3

Umwandlung der Erde und der menschlichen Kultur

1

Möglichkeiten eines relativ friedlichen, planetarischen Wandels

Ich bin nicht autorisiert, irgendwelche Versprechungen derart zu machen, dass wir beim Durchschreiten der Periode der Erdwandlungen die Herausforderung einer Katastrophe verhindern können. Aber im Jahr 2013 empfing ich einen vielschichtigen Traum, der besagte, dass eine relativ friedliche Transformation möglich wäre, auch wenn Klimatologen einen Kollaps des planetarischen Lebenssystems vorhersagen, wenn nicht unverzüglich strenge Maßnahmen zum Schutz der Atmosphäre ergriffen würden – doch zum jetzigen Zeitpunkt gibt es offensichtlich keinen ausreichenden politischen Willen solche Maßnahmen durchzusetzen.

Sind wir unter solchen Voraussetzungen noch gewillt, der Botschaft jenes Traumes zu lauschen?

Seien wir bereit für ein Wunder! Der Traum verspricht selbstverständlich keinen relativ friedlichen planetarischen Wandel, ohne entsprechende Maßnahmen zu empfehlen, die das Versprechen in eine realistische Möglichkeit verwandeln.

Der Traum besteht aus zwei Teilen mit einem Intermezzo dazwischen.

Der Träumer muss um 4 Uhr nachmittags einen Vortrag in Trbovlje, Slowenien, halten, einer Stadt, die mindestens zwei Autostunden von Kranj, der Heimatstadt des Autors, entfernt liegt. Der Freund, der den Träumer mit den Auto dort hinbringen soll, macht ihm klar, dass es bereits fünf Minuten vor vier ist.

Der Träumer gerät in Panik, weil er fürchterlich spät zu dem Vortrag kommen wird.

Und doch lässt der Träumer den Fahrer wissen, dass er noch schnell nach Hause laufen muss, um seine Hosen zu wechseln, damit er für den Vortrag angemessen angezogen ist. Danach muss er seinen verstorbenen Vater finden und ihm die Hausschlüssel übergeben.

Als der Träumer zum Wagen zurückkehrt, zeigt die Uhr bereits 4 Uhr. Die Situation ist so schmerzhaft, dass der Träumer aufwacht.

Der erste Teil des Traumes zeichnet die dramatische Situation, wie sie von den Klimatologen vorhergesagt wird, gefolgt von ihrem dringenden Aufruf, die Gewohnheiten der Zivilisation bezüglich des Verbrauchs fossilen Brennstoffs sofort zu ändern; andernfalls könnte es zu spät sein. Der Zusammenbruch der Lebenssysteme würde unvorhersehbare Folgen für alle Lebewesen der Erde haben. Oft benutzen wir die Redewendung »fünf Minuten vor zwölf« in der Bedeutung, dass es für rettende Maßnahmen eigentlich schon zu spät sei.

Die Frau des Träumers, die neben ihm im Bett liegt, erwacht zur gleichen Zeit wie der Träumer selbst und erzählt ihm von einem Traum, den sie zur gleichen Zeit träumte wie er den seinen.

Sie erblickte einen hell leuchtenden elektrischen Bildschirm, auf dem ständig die Nummern 4 und 16 wiederholt angezeigt wurden.

Der Träumer versteht sofort. Der Vortrag soll nicht um 4 Uhr sondern um 16 Uhr stattfinden, wie es auf europäische Weise ausgedrückt wird. Nummer 4 ist in diesem Fall mit Nummer 16 identisch.

Der Träumer fühlt sich erleichtert. Er hat 12 Stunden gewonnen, um sich auf den Vortrag in Trbovlje vorzubereiten.

So schläft er wieder ein – um den zweiten Teil dieses ungewöhnlichen Traumes im Duett mit seiner Frau weiter zu träumen.

Das Intermezzo, in dem der erwachte Träumer von dem Traum seiner Frau erfährt, lässt uns wissen, dass die wissenschaftliche Erkenntnis, die eine rasch voranschreitende Schädigung der irdischen Biosphäre vorhersagt, sich auf eine andere Zeitskala bezieht, als die, welche zu dem gegenwärtigen Erdumwandlungsprozess in Beziehung steht. Die wissenschaftlichen Voraussagen basieren auf einer Ebene der Evolution, die nicht mehr relevant ist, seit Gaia den evolutionären Weg in Beziehung zu dem Erdelement abgeschlossen hat. Jetzt ist bereits die Zeitskala des Luftelements gültig – wie ganz zu Anfang unseres Buches erklärt wurde. In der Sprache des Traumes wird 4 Uhr nachmittags in Beziehung zu der neuen Zeitskala als 16 Uhr dargestellt, wie es in unserem Sprachraum auch üblich ist. Symbolisch wird damit zum Ausdruck gebracht, dass der oft beklagte Zeitmangel für die Lösung der Probleme, die der Klimawandel auslöst, als aufgesetzt erscheint.

Wir werden ermutigt, optimistisch und hoffnungsvoll zu sein, auch wenn es so aussieht, als ob es für die Menschheit schon zu spät sei, die zukünftigen katastrophalen Ereignisse, die für unsere natürliche und soziale Umwelt erwartet werden, zu verhindern.

Nachdem der Träumer zum zweiten Mal eingeschlafen ist, geht der Traum weiter. Da er nun 12 weitere Stunden zur Verfügung hat, bevor der erwähnte Vortrag beginnt, entscheidet er sich, derweil mit der Straßenbahn die Stadt »Y«zu besuchen. Er hat vor, die Linie zu nehmen, die zur Stadt »X« führt, dann die Straßenbahn zu wechseln und zur Stadt »Y« weiterzufahren. Würde er diesen Weg nehmen, hätte dieser die Form des Buchstabens »V«.

Während der Fahrt zur Stadt »X« fährt die Tram an einem Gebäude vorbei, das einer Kirche ähnlich sieht, deren Fassade mit einem großem Relief geschmückt ist. Auf der rechten und linken Seite sind die Figuren der heiligen

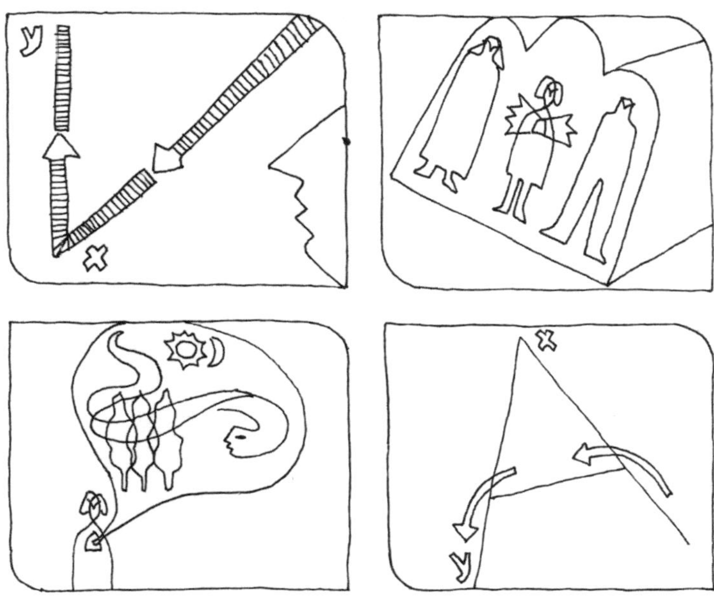

Der Traum von einem alternativen Verlauf der Erdwandlungen

Mutter und des heiligen Vaters bildhauerisch herausgearbeitet. In der Mitte zwischen ihnen steht ihr Sohn. Der Träumer bemerkt, dass dessen Herzzentrum weit geöffnet ist.

Durch seine Ausstrahlung angezogen, schaut er durch das Herzzentrum des Sohnes hindurch. Dahinter erblickt der Träumer einen himmlischen Garten mit blühenden Wiesen und dunkelgrünen Zypressen; er sieht Gaia als die Göttin des Paradieses, auch die Sonne und den Mond.

Die Vision regt den Träumer dazu an, eine schnelle Entscheidung zu treffen, an der nächsten Station auszusteigen und die Straßenbahn zu wechseln. Wenn wir uns des Träumers Reiseroute zum Ort »Y« in der Form des Buchstabens »A« vorstellen, dann beschließt er eine Abkürzung zu nehmen, indem er der horizontalen Linie des Buchstabens »A« folgt. Wenn er dieser Richtung folgt, dann braucht er überhaupt nicht mehr den Weg hinunter zu »X« zu nehmen. Nimmt er die vorgeschlagene Abkürzung, so hat er sogar mehr Zeit für seinen Besuch der Stadt »Y« zur Verfügung.

Der zweite Teil des Traumes versucht, dem Träumer bewusst zu machen, wie es möglich sein könnte, den endgültigen Zusammenbruch der Lebenssysteme der Erde zu verhindern. Der Schlüssel für die Botschaft des Traumes findet sich in der Veränderung des Pfads der Erdwandlungen: Statt der Form des Buchstabens »V« zu folgen, nimmt er den Verlauf, der vom Buchstaben »A« symbolisiert wird. Solch eine Umwandlung dreht die Situation tatsächlich von unten nach oben. Seht euch nur die entgegengesetzte Form der beiden Buchstaben an!

In diesem Fall symbolisiert der Buchstabe »V« die vorhergesagten Erdwandlungen, die zwei Phasen umfassen. In der ersten Phase führt der Weg nach unten in Richtung der fortschreitenden Zerstörung der planetarischen Biosphäre und ihrer endgültigen Zerstörung. Die Naturkatastrophen der letzten beiden Dekaden sind Teil dieses Abstiegs. Nach dem Erreichen des Punkts Null könnte der Transformationspfad seine Richtung umdrehen und langsam wieder dem Weg nach oben, entlang der anderen Seite des Buchstabens »V« folgen, der erste Anzeichen einer planetarischen Erholung bringen könnte. Wahrscheinlich würde dieser Weg nach oben Ewigkeiten dauern, um die gegenwärtige Schönheit des Planeten wiederherzustellen – falls dies überhaupt möglich wäre.

Würden die Erdwandlungsprozesse dem Modell des Buchstabens »A« folgen, dann könnten auch die Aussichten für die Zukunft optimistischer sein. Wenn wir der Abkürzung entlang der horizontalen Linie von »A« folgen, könnte der Weg zur Hölle in Form der endgültigen Zerstörung des Planeten vermieden werden. Und dennoch könnte das Ziel der unbedingt nötigen Umwandlung des planetarischen Raums und der menschlichen Kultur nach wie vor erfüllt werden. In der Sprache des Traumes könnten damit zwölf Stunden gewonnen werden, um den Verlauf der Umwandlung zu verlangsamen. Auf diese Weise könnten Menschen, die sich im Moment in allerlei Illusionen verloren haben, genug Zeit gewinnen, um die Zeichen der Zeit zu erkennen und sich für den Pfad zu entscheiden, der zu einem neuen Zeitalter des Friedens und der Kooperation zwischen allen Wesen des irdischen Universums führt.

Die Inspiration, die der Träumer empfand, als er an der Fassade des heiligen Gebäudes entlangging, ist der Schlüssel zum Verständnis, auf welche Weise der optimistische Wandel vollendet werden könnte. Ich deute die beiden Figuren der Eltern, die an beiden Seiten der Fassade eingemeißelt sind, als Repräsentanten für das göttliche Paar, das die menschliche Evolution in der Ära, die jetzt zu Ende geht, angeregt hat. Tatsächlich erscheinen sie ungeheuer hoch und grau wie die Farbe des Steins zu sein. Der Vater kann mit dem Vater im Himmel gleichgesetzt werden, den alle patriarchalen Religionen der Welt anbeten und verehren. Die Mutter stellt die Mutter des Lebens dar, die von der weltweit anzutreffenden, ursprünglichen Spiritualität für besonders heilig gehalten wird.

Die Eltern vermitteln den Eindruck, als wollten sie sich zurückziehen, während der Sohn in ihrer Mitte lebendig erscheint und von seinem Herzen her strahlt. Er verkörpert die neu offenbarte Matrix des zukünftigen Menschen, der frei von patriarchalen Mustern auch fähig ist, eine andersartige Beziehung zu Gaia, der Mutter allen Lebens, zu entwickeln; denn die menschliche Kindheit ist unwiederbringlich vorbei. Es ist an der Zeit, die volle Verantwortung für den menschlichen Umgang mit Gaias Schöpfung zu übernehmen.

Das Fenster zum Herzen, das der Sohn dem Träumer öffnet, macht deutlich, in welche Richtung wir uns bewegen müssen, um eine neue

Beziehung zwischen der menschlichen Gattung und Gaia aufzubauen. Die augenfällige Bedingung dafür ist die Entfaltung des liebenden Bewusstseins unserer Herzen, um eine Entscheidung wie der Träumer treffen zu können, als der sich für den Pfad entschied, der die Zerstörung des Planeten verhindert. Was sagt uns der Traum über den Hintergrund dieser transformativen Entscheidung?

1 Die erste Bedingung, um dazu beizutragen, die Zerstörung der Erde zu verhindern, ist die Verankerung der Vision einer Erde als heiliger Garten Gaias, in dem alle Welten, Wesen und Kräfte in Harmonie, gegenseitigem Respekt und mit schöpferischer Freude zusammenwirken. Diese Vision ist zulässig und sollte von innen her genährt werden, auch wenn wir gerade jetzt mit der Realität ständiger Kriege, falscher politischer Führer und der Zerstörung der natürlichen Umwelt konfrontiert werden.

2 Zudem sollten wir nicht einfach zulassen, von den lebensbedrohlichen Wellen der nahenden Erdveränderungen weggetragen zu werden. Stattdessen sollten wir aufmerksam genug sein, den schon existenten Weg der planetarischen Umwandlung zu entdecken und zu unterstützen, einen Weg, den Gaia zusammen mit ihren elementaren und spirituellen Helfern genommen hat, um die endgültige Katastrophe zu vermeiden, welche die atemberaubende Schönheit des Planeten Erde bedroht.

3 Als erwachsene Töchter und Söhne Gaias sind wir eingeladen, Mit-Schöpfer der Umwandlung zu werden, die unser Planet gerade durchschreitet. Als in Materie verkörpertes Bewusstsein haben die Menschen bereits ihre Entscheidung demonstriert – durch Straßenproteste, Maßnahmen für den Naturschutz, die Unterstützung der Wiederverwertungsindustrie, usw. –, den Pfad der Zerstörung aufzugeben. Doch die Entscheidung allein hat kaum einen Wert, wenn diese nicht bewusst Gaias Idee zur Neuordnung des gesamten Erdraumes unterstützt, die darauf hinzielt, dass die Erde ein Garten schöpferischen Friedens wird.

Das folgende Kapitel soll verschiedene Möglichkeiten aufzeigen, wie die Entscheidung für das Leben eine voll funktionierende Realität werden könnte.

2

Vorteile in der Kooperation mit parallelen Evolutionen – Delphine, Sidhe und Ents

Um zu verstehen, dass es in der Tat möglich ist, mit Wesen anderer Evolutionen gemeinsam daran zu arbeiten, den Kollaps der irdischen Biosphäre zu verhindern, muss das rationale Modell, dass die Erde als eine einzelne Sphäre beschreibt, beseitigt werden. Mit »einzelne Sphäre« meine ich den materiellen Körper des Planeten, wie er von Satelliten gesehen wird und wie unsere physischen Sinne ihn wahrnehmen.

Natürlich existiert er als solcher. Aber der rationale Wahrnehmungsapparat kann nicht erkennen, dass die materialisierte Erdsphäre nur eine innerhalb einer Gruppe von Sphären ist, die zusammen das bilden, was ich normalerweise »das irdische Universum« nenne. Außer der physischen, sind alle Sphären feinstofflicher Natur und deshalb für physische Augen nicht sichtbar.

Jede dieser unsichtbaren Sphären ist das Zuhause einer anderen Evolution, die ebenfalls Anteil an Gaias Universum hat, sich jedoch in einer anderen Dimension aufhält als wir, die wir in einer Sphäre zusammen mit Pflanzen, Tieren und Mineralien verkörpert sind.

Die schon im ersten Teil des Buches erwähnte Feenwelt der Sidhe zum Beispiel, verweilt in einer unsichtbaren Sphäre, die genauso groß wie die physische Erde sein könnte und einen ähnlich komplexen Organismus aufweist. Auch die erwähnten Evolutionen der Delphine und Wale können wir uns in einer autonomen Weltsphäre existierend vorstellen. Dasselbe kann in Bezug auf die Welt der Ahnen und Nachkommen gesagt werden. Sicher gibt es noch weitere Sphären dieser Art, die zur Gruppe des Gaia-Kosmos gehören. Wir können uns vorstellen, dass jede dieser Sphären in einem anderen Schwingungsspektrum existiert. Auf diese Art und Weise bietet jede Sphäre andere Lebensbedingungen, welche die entsprechende Evolution für ihre vitale und spirituelle Entwicklung wie auch ihr schöpferisches Tun benötigt, um Gaias Gastfreundschaft voll genießen zu können.

Wenn ich die Struktur der irdischen Sphären ein »Cluster« oder eine Gruppe nenne, meine ich, dass sie nicht als einzelne zusammenhanglos in der Leere hängen. Während sie sich bewegen, überschneiden sie sich an verschiedenen Punkten und schaffen damit Möglichkeiten, miteinander kommunizieren und kooperieren zu können.

Ich bin mir darüber im klaren, dass ich ein ziemlich mechanistisches Bild zeichne, weil bisher das Zentrum fehlt, welches das Cluster der Welten als Einheit zusammen und sie auch in ständiger Bewegung hält, währenddessen sie miteinander kommunizieren. Die zentrale Sonne ist Gaia, die Erdgöttin, die als Schöpferin des gesamten Clusters nicht nur das Licht, sondern auch die Inspiration zur ihrer Existenz und Weiterentwicklung gibt.

Jetzt ist die Kulisse bereitet, um einigen der Elemente, die am Erdcluster der relativ autonomen Welten ihren Anteil haben, unsere Aufmerksamkeit zu schenken. Zu Beginn wollen wir uns kurz der Welt der Delphine und Wale widmen. Da ich nicht genug Erfahrung mit Walen habe, bezieht sich meine Geschichte auf Delphine.

Kosmische Wesen auf Delphinen »reitend«

Meine Initiation in die Weltsphäre der Delphine ereignete sich 2010 während eines Konzerts und Performance des Duos »White Canvas«, die den Delphinen und Walen gewidmet war.

Das Konzert hatte gerade begonnen, als sich zu meiner Überraschung ein unbekanntes Volk vor meinem inneren Auge präsentierte. Ähnlich wie ein Chor von Sängern standen sie aufrecht in einer Reihe auf einer frei schwebenden schwarzen Plattform. Weil sie Fischflossen statt Füße besaßen und ich ihre Vibration wie die eines unschuldigen Kindes empfand, erkannte ich sie intuitiv als zur Evolution der Delphine gehörig. Die schwarze Plattform, die in der Luft hing, ließ mich erkennen, dass sie nicht zum Erdcluster gehören konnten.

Zu einem späteren Zeitpunkt während des Konzerts zeigten sie sich auf Delphinen reitend – ein Bild, das mir aus der antiken römischen Kunst vertraut ist. Doch fast im selben Moment löschten sie dieses Bild wieder, indem sie mir zu verstehen gaben, dass sie in Wirklichkeit im fischähnlichen Delphinkörper verkörpert sind und durch dessen Augen die manifeste Welt Gaias erblicken. So wie Menschen mit Tieren zusammenarbeiten, um ein verkörpertes Leben genießen zu können, so kooperieren diese Wesen mit dem fischähnlichen Körper der Delphine und Wale.

Deshalb ist es möglich, ihre exquisite Intelligenz zu verstehen, welche wir in der Heilkraft der Delphine erkennen oder auch am nie endenden Epos, den Wale in den Tiefen des Ozeans singen.

Als ich an der Costa del Sol mit Landschaftsheilung arbeitete, kamen wir bis zur großen Bucht von Algeciras an der Küste des Atlantischen Ozeans. Es heißt, dass Delphine hier massenweise zusammenkommen, um sich zu paaren. Ich nehme dagegen wahr, dass sie vor allem deshalb kommen, um sich mit ihrer kosmischen Heimat zu verbinden, die wir uns als einen Ozean vorstellen können, der irgendwo in unserer Galaxie existiert.

Als ich mich dort auf die Delphinpräsenz einstimmte, sprang eine Gruppe von Delphinen mit ihren feinstofflichen Körpern in meine Umarmung. Ich bat sie, mir eine Übung zu zeigen, mit der ich mich auf die Präsenz ihres Bewusstseins einstimmen könnte. Hier ist die empfohlene Übung:

Gaia Touch persönliches Ritual, um sich mit der Welt der Delfine zu verbinden

- Stehe aufrecht, so dass sich die Fersen berühren. Gleichzeitig öffne deine Füße so weit wie möglich, um die Konturen der Schwanzflosse eines Delphins nachzubilden.
- Jetzt komme noch in Resonanz mit den vorderen Schwimmflossen, indem du mit den Händen vor deinem Herzzentrum ein räumliches Dreieck bildest.
- Dann öffne und schließe das Dreieck einige Male, als ob du die Flossen bewegen würdest. Diese Bewegung steht gleichzeitig für die Herzöffnung.
- Auf diese Weise bist du in die Sphäre des Delphinbewusstseins eingetreten. Stehe jetzt wieder in normaler Haltung und spüre die Welt der Delphine oder trete in Dialog mit ihrem Bewusstsein.

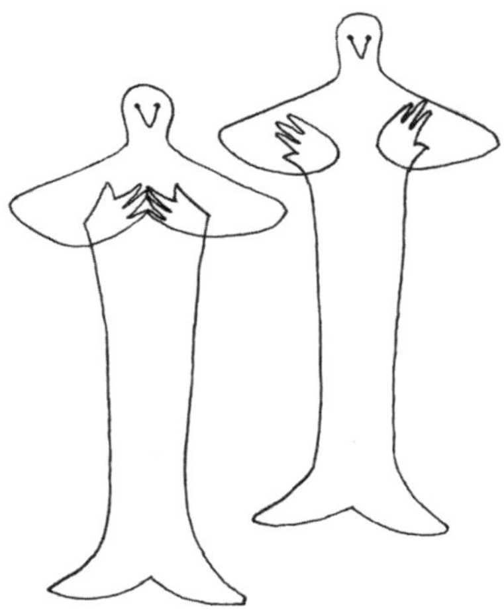

Gaia Touch persönliches Ritual um sich mit der Welt der Delfine zu verbinden

Ich führte dieses Ritual mit vielen verschiedenen Gruppen durch; dabei standen wir nicht immer an einer Meeresküste. Es kann tatsächlich jedes Gewässer sein, etwa ein Fluss oder Teich; das spielt keine Rolle. Die

Präsenz der Delphine erscheint augenblicklich. So erfuhr ich, dass Delphine ein globales Netzwerk des kosmischen Bewusstseins miteinander teilen. Mit obigem Körperritual könnt ihr euch auf ihr Netzwerk einstimmen, wo auch immer ihr gerade seid, und an der Schwingung ihrer exquisiten Weisheit und Liebe teilhaben.

Eine weitere sphärische Welt des Erdclusters, die ihre Bereitschaft zur Zusammenarbeit mit der menschlichen Kultur signalisiert hat, um die drohende planetarische Katastrophe zu verhindern, ist die Feenwelt der Sidhe, die in Verbindung mit dem feenhaften Hintergrund der menschlichen Identität zu Beginn des zweiten Teils unseres Buches bereits erwähnt wurde.

Während der letzten acht Jahre hatte ich mehrere Begegnungen mit der Welt der Sidhe (sprich »Schi). Eine der interessantesten widerfuhr mir auf einer halb verlassenen Insel in der Lagune von Venedig, Torcello genannt.

In der Mitte des ersten Jahrtausends unserer Zeitrechnung war Torcello eine blühende Stadt und das Zentrum der Lagune. Venedig existierte zu dieser Zeit noch nicht. Aber Flüsse brachten soviel Material aus den Alpen in diesen Teil der Lagune, dass gegen Ende des 8. Jahrhunderts Handelsschiffe Torcello nicht mehr anfahren konnten. So beschloss der Anführer der Lagunenrepublik, der Doge Angelo Partecipazio, im Jahr 810 unserer Zeitrechnung die Stadt an den Ort des heutigen Venedigs zu versetzen. Häuser und Paläste wurden abgebaut und in Teilen mit Schiffen in die Gegend des heutigen Zentrums von Venedig rund um die Rialto-Brücke gebracht, wo sie wieder aufgebaut wurden.

Was sie jedoch nicht zu zerstören wagten, waren zwei Gebäude, die frühere Kathedrale von Santa Maria Assunta und das hexagonale Gebäude von Santa Fosca. Sie stehen immer noch in der Mitte der sonst verwaisten Insel. Die Kanäle der verlassenen Stadt existieren immer noch, allerdings ohne die Häuser und Paläste, die sie einst umgaben.

Doch gibt es dort nun eine andere blühende Stadt, nämlich die unsichtbare der Feenzivilisation der Sidhe. Neben einigen Häusern, die den besuchenden Touristen dienen, erscheint Torcello leer zu sein. Verlassen wir aber den einzigen Touristenweg, der zu den beiden Kirchen führt, und stimmen uns auf die Sphäre der Sidhe ein, dann können wir beginnen, mit ihnen zu kommunizieren.

Während meines Besuchs von Torcello ganz zu Beginn des Jahres 2019 wurden mir einige grundsätzliche Informationen zugänglich gemacht, mit denen wir sehr gut die Essenz der Sidhe-Evolution verstehen können, um vorbereitet zu sein, jene lichten Wesen zu treffen, die zur Kommunikation bereit sind.

Es ist einleuchtend, dass die Sidhe-Evolution ihren Ursprung im weiten Universum hat, wie auch die Spezies der Delphine und Menschen. Die Sidhe-Frau, mit der David Spangler im Dialog stand, veröffentlicht in seinem Buch »Convervation with Sidhe« (Gespräche mit den Sidhe), bestätigt das eindeutig. Aber wie kann es sein, dass sie innerhalb des Erdclusters existieren können? Um unter den Bedingungen der Erde leben zu können, nahmen Delphine und Wale den Fischkörper an. Menschen brauchten fast zehn Millionen Jahre, um den Körper von Primaten anzunehmen. Was aber geschah mit den Sidhe?

Bei unserer Begegnung in Torcello teilten sie mir mit, dass ihnen erlaubt wurde, für diesen Zweck den Körper der Elementarwesen anzunehmen. Das klingt einleuchtend. Elementarwesen oder Naturgeister sind zwar unsichtbar, doch das heißt nicht, dass sie keinen Körper haben. Aber um im Gewebe der Natur zu arbeiten, müssen ihre Körper feinstofflicher Art sein. Indem die Sidhe den Körper der Elementarwesen übernahmen, um die Erde bewohnen zu können, existieren auch sie heutzutage als unsichtbare Wesen.

Natürlich gilt diese Bedingung eher für die jüngste Zeit. Legenden berichten von Elementarwesen, die in alten Zeiten auch halb sichtbar waren, bevor die rationale Logik das menschliche Bewusstsein dominierte. Das könnte auch für das Feenvolk der Sidhe gelten.

Zudem wurde mir klargemacht, dass die Sidhe durch den Umstand, auf der einen Seite in der unsichtbaren Dimension schöpferisch zu wirken und auf der anderen Seite mit den Elementarwesen verwandt zu sein, eine spezielle Art von Technologie entwickelt haben, die die physische Situation auf der Erde auf sehr praktische Weise beeinflussen kann. Ebenso wie Elementarwesen das manifeste Leben der Natur schöpferisch gestalten und nähren, nämlich Pflanzen, Tiere, Mineralien und Menschen, so können Sidhe-Wesen schöpferisch und heilend die Bedingungen der physischen Welt beeinflussen, selbst wenn ihre Technologie nicht-physischer Natur ist. Sie können schöpferisch wirken, indem sie, ausgehend von der ätherischen Ebene, auf die materielle Ebene des irdischen Universums einwirken. Folglich könnten sie helfen, falls die physischen Bedingungen des Planeten außer Kontrolle geraten würden.

Weiter erfuhr ich, dass die Sidhe eine andere Beziehung zum Leben der Natur haben als wir. Wenn wir den feinstofflichen Zustand ihres Seins berücksichtigen, dann entsprechen sie einer subelementaren Ebene der natürlichen Umwelt, die als der kausale Hintergrund der manifesten Natur und Landschaft angesehen werden kann. Indem sie von dieser Existenzebene aus schöpferisch wirken, könnten sie das Zusammenbrechen der natürlichen Lebenssysteme verhindern, falls in irgendeiner Phase der herannahenden Erdveränderungen unheilvolle Bedingungen entstehen würden.

Zuletzt wurde mir deutlichgemacht, dass es eine spezielle Verbindung zwischen dem Sidhe-Volk und der Welt der Drachen gibt. Mir wurde Einblick gewährt in die Tatsache, dass die Sidhe eine weibliche Drachengestalt beschützen, um sie vor den zerstörerischen Mustern des Drachentöters zu bewahren, die von der patriarchalen Kultur der Menschen hochgehalten wurden. Es handelt sich um eine weiße Drachin, die die Weisheit und die äußerst kraftvolle Liebe Gaias verkörpert.

Das Gaia Touch Körper Ritual, das uns mit der Sphäre der Sidhe verbinden möchte, kommt aus Pieve di Soligo, eine italienische Hochburg ihrer Kultur. Sie bezieht sich auf die dreigestaltige Organisation der Sidhe-Welt, die dem klassischen Bild der schamanischen Welt ähnelt. Ihre Mittelwelt ist mit den vier oben erwähnten Aspekten beschrieben. Ihre Oberwelt ist das Zuhause der Sidhe-Ältesten, die den Kontakt zu ihren interstellaren Ursprüngen aufrechterhalten. Die Unterwelt ist eine Art Brutplatz, wo die zukünftigen Sidhe aufgezogen werden, ähnlich wie die Larven in der Insektenwelt. Hier kommt das Ritual.

Gaia Touch Körperritual, um sich mit der Feenwelt der Sidhe zu verbinden

- Stehe mit den Beinen so weit auseinander, dass du deine Stabilität bewahren kannst. Öffne Hände und Arme diagonal nach oben, um die Feenwelt der Sidhe zu begrüßen.
- Dann bewege deinen rechten Arm kreisförmig nach links, bis zum Schluss die rechte Hand auf der linken liegt. Den Körper lehne dabei so weit wie möglich nach links. (Die Zeichnung zeigt die Figur von hinten!)

Gaia Touch Körperritual, um sich mit der Feenwelt der Sidhe zu verbinden

- Danach bringe deinen rechten Arm wieder zurück auf die rechte Seite, als ob du den Raum vor dir öffnen würdest. Nun stehst du wieder wie am Anfang mit offenen Armen da.
- Jetzt bewege umgekehrt deinen linken Arm in einem Bogen nach rechts, bis die linke Hand auf der rechten zu liegen kommt. Dabei sollte der Körper so weit wie möglich nach rechts lehnen.
- Nun wollen wir noch die Sidhe-Unterwelt berühren. Dafür bewegen wir die noch miteinander verbundenen Hände, die nach rechts zeigen, in einen nach unten ziehenden Bogen von rechts nach links. Der Bogen sollte nach unten bis zur Knieebene geführt werden.
- Wenn nun der rechte Arm in einem Bogen wieder nach rechts bewegt wird und der linke Arm auf der linken Seite bleibt, stehen wir wieder mit offenen Armen da wie am Anfang.
- Das Ritual kann einige Male wiederholt werden. Zum Schluss stehen wir mit geschlossenen Augen, um die Qualität der Sidhe-Welt wahrzunehmen.

Eine dritte parallele Evolution, die wir als unsere teuren Verbündeten ansehen können, sind die Ents; das sind Wesen, die einige der ältesten und weisesten Bäume bewohnen. Sie sollten nicht mit Baumgeistern verwechselt werden, die entsprechend der lateinischen Überlieferung Faune genannt werden. Faune sind Elementarwesen mit einem äußerst feinstofflichen Körper, der Bäume durchdringen und ihr Wachstum und das Entfalten ihrer Aufgaben in der entsprechenden Umgebung leiten kann. Ents sind keine Elementarwesen. Ihr Ursprung befindet sich in einem anderen Sternensystems, doch einige von ihnen arbeiten mit Gaia zusammen und sind in bestimmten Bäumen verkörpert, die ausgewachsen genug sind, um einem Ent ein Heim bieten zu können. Der Name »Ent« stammt aus Tolkiens »Herr der Ringe«. Dort erscheinen Ents als Wesen, die alte Bäume bewohnen und als Retter der Menschheit auftreten. Als die Kräfte der Dunkelheit dabei waren, die menschliche Spezies zu besiegen und zu zerstören, erschienen die Ents, um das Reich des Bösen mit ihrer gewaltigen Kraft niederzutrampeln und zu zerstören.

Eine meiner ersten Begegnungen mit Ents ereigneten sich vor einer Dekade an einer Eiche, die zu Beginn des 19. Jahrhunderts in Leipzig zum Gedenken an den Sieg über Napoleon gepflanzt wurde. Als ich mich der mächtigen Eiche näherte, fühlte ich die Forderung der Eiche, mich nah an ihrem Stamm niederzuknien. Nachdem ich das getan hatte, sah ich eine Figur, die andauernd im Innern des Baumstamms tanzte. Sie war dreißig Zentimeter hoch und schien aus einer Mischung von flüssigem und glänzendem Metall zusammengesetzt zu sein. Ich fühlte eine gewaltige Kraft, die sich, ausgehend von dieser kleinen schmalen Figur, verbreitete.

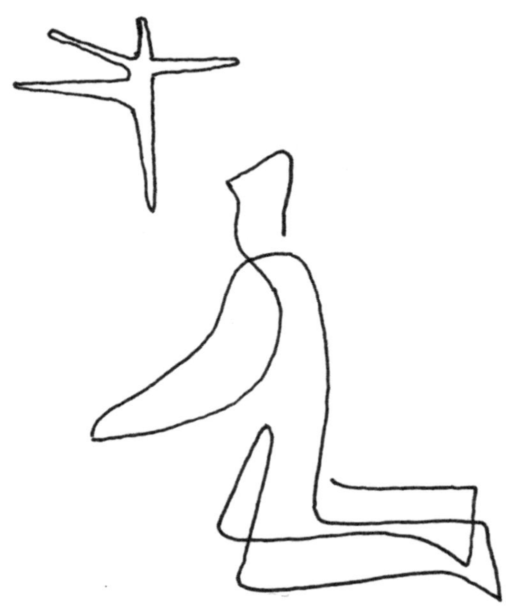

Meine Begegnung mit einem Ent an der Napoleon-Eiche

Die nächste Begegnung mit einem Ent, die von Interesse sein könnte, begab sich, als ich zusammen mit einer Gruppe von Geomantiestudenten eine Eiche in der Nähe von Bad Blumau in der Steiermark erkundete. Sie wird als die älteste Eiche Europas angesehen. Ihre Anwesenheit wurde bereits vor tausend Jahren dokumentiert. Zuerst erkannte ich den Baumgeist, den Faun, und sah, wie er den Baum und dessen Äste durchdringt, zum Teil sie sogar umfängt. Erst später nahm ich noch eine andere Präsenz in dem Baum wahr; sie leuchtete unglaublich, wie ein Blitz. Ich traute mich zu fragen: »Wer bist du?« Die Antwort lautete: »Wir sind wie ihr. Ihr seid im äußeren Universum der Erde verkörpert, während wir den nach innen gewandten Raum der Bäume bewohnen.« Zwei Aspekte scheinen in dieser Aussage wichtig zu sein. Ents sind eine Evolution vom gleichen Rang wie die menschliche, das heißt, sie sind eine kosmische Evolution, die den irdischen Systemen als Gast Gaias angeschlossen sind. Außerdem bewohnen sie eine der Sphären, die zur Gruppe von Gaias Welten gehören, welche die Sphäre der manifesten Welt durch einige der ungewöhnlichsten Bäume der Erde berühren.

Eine weitere Begegnung mit einem Ent, die mir mehr Klarheit über ihren Ursprung brachte, ereignete sich im Botanischen Garten in Rio de Janeiro, als ich mich auf einen alten Kautschukbaum einstimmte. Dieses Mal erblickte ich den Ent in einer königlichen, rot gefärbten Kammer in Innern des Baumstamms sitzend. Wie immer bei der Begegnung mit Ents empfand ich die Heiligkeit ihrer Präsenz. Das Gefühl wurde dieses Mal von den Worten begleitet: »Da wir von einem mächtigen, weit entfernten Stern kommen, befinden wir uns im Zustand von Nirwana, da wir immer mit der Anwesenheit unseres Sterns verbunden sind.« Die Worte wurden untermalt mit dem Bild eines Modells, in dessen Zentrum sich die runde Gestalt dieses Sterns zeigte. Dünne Röhren gingen aus diesem Stern hervor, die Nabelschnüren glichen. Jeweils am Ende dieser Schnüre sah ich einen damit verbundenen Ent. Jetzt verstand ich, warum diese relativ winzigen Wesen eine solch gewaltige Kraft ausstrahlen. Die volle Kraft jenes Sterns vibriert durch jeden einzelnen Ent.

Im Herbst 2018, während ich den Central Park von Manhattan erkundete, entdeckte ich im nördlichen Teil des Parks einen alten Ahornbaum voller erstaunlicher Knubbel auf seinem Stamm. Meine Intuition zeigte auf einen darin sitzenden Ent. Ich bat ihn um eine Übung, durch die es möglich wäre, die Anwesenheit von Ents zu erfahren. Hier sein Vorschlag.

- Stelle dich vor einen alten Baum, von dem du annimmst, er könne einen Ent beherbergen.
- Beuge dich so tief hinunter, dass du in deiner Vorstellung mit deinen Fingern bis unter deine Füße greifen kannst.
- Bleibe eine Weile so stehen. Dann richte dich wieder auf, stelle dir aber vor, dass deine Hände unter deinen Füßen bleiben. Das bedeutet, dass deine Arme nun viel länger werden als sie üblicherweise sind.
- Um das richtige Verhältnis zwischen deinen Armen und Händen und deinem Körper wieder herzustellen, musst du zur Statur eines Riesen heranwachsen. Jetzt bist du bereit, die Präsenz des Ent im Innern des Baums wahrzunehmen oder zu empfinden.

Die gleiche Übung kann auch normal (ohne sich mit einem Baum zu verbinden) ausgeführt werden, um eine ähnliche Qualität – wie sie den Ents zugänglich ist – zu erfahren und sie in uns selbst zu entwickeln. Es ist die Qualität der inneren Stärke, die alte Mythen mit Riesen in Verbindung bringen.

Durch meine Feldarbeit sind mir Riesen als Wesen vertraut, die Berge verkörpern. Sie sind eine Reinkarnation jener urbildlichen Kräfte, die Kontinentalplatten bewegen. Durch die Bewegung der Kontinentalplatten entstehen Bergketten und mit ihnen erscheinen »Riesen« auf der Erdoberfläche. Wir können sie als das Bewusstsein und die ursprünglichen Kräfte Gaias verstehen, die Berge und Landschaften durchdringen.

Da das menschliche Wesen gesegnet ist, fast alles von Gaia zu erben, was in ihrem Universum existiert, sind wir auch eingeladen, die Kraft des Riesen in uns selbst zu erfahren, um stark genug zu werden, um den Herausforderungen des 21. Jahrhunderts zu begegnen.

3
Die Kultur des Austauschs mit der Pflanzenwelt – während sich die Tiere zurückziehen

Die nahe Verwandtschaft zwischen der verkörperten Menschengattung und dem Tierreich wurde schon ein paarmal erwähnt. Ohne diese Verbundenheit zu verleugnen, muss doch gesagt werden, dass angesichts der nahenden Erdwandlung sich diese Beziehung drastisch verändern könnte.

Tiere leben ihre Leben entsprechend ihrer Matrix und daran ist nichts falsch. Dabei werden sie unglücklicherweise durch die gegenwärtige menschliche Zivilisation schwer gestört. Die eigentliche Tragödie ist jedoch, dass die menschliche Kultur verschiedene Aspekte der tierischen Art zu leben übernommen und sie dabei bis zur Perversität missbraucht hat. In Kriegen oder Terrorattacken Blut zu vergießen oder sich im Rahmen der menschlichen Ökonomie »gegenseitig aufzufressen«, sind extreme Beispiele.

Eine zukünftige Ära des Friedens und der Koexistenz ist möglich, wenn die menschliche Kultur sich von einer tierähnlichen zu einer veganen Basis bewegen würde. Natürlich meine ich nicht nur die Art und Weise, wie wir uns ernähren. Ich möchte vielmehr zum Ausdruck bringen, dass Pflanzen eine andere Art von Fundament für die menschliche Kultur legen könnten, so dass es im Einklang mit dem vollständigen Cluster des Gaia-Universums wieder aufgebaut werden könnte. Es könnte »Gaia-Kultur, »Geakultur« oder »Geokultur« genannt werden. Diese Art veganer Grundlage existiert schon in uns, da Menschen sich nicht auf vier Füßen fortbewegen, sondern aufrecht stehen, wie ein Getreidehalm oder ein Apfelbaum.

Der folgende Traum bestätigt mich, in dieser Richtung weiterzudenken.

Der Träumer besucht eine Ausstellung, um sich verschiedene Modelle von Familienhäusern anzuschauen. Aber seine Überraschung ist groß! Alle Häuser stehen auf der Krone lebender Bäume!

Ein zufällig vorbeikommender Besucher fordert ihn auf, sich das Haus auf der rechten Seite näher anzusehen. Jetzt erkennt er, dass die Häuser wie Armeezelte aus dickem, grauem Material bestehen. Auch haben sie zerrissene Ecken und stehen auf festen Fußböden, die sie von der Baumkrone unter ihnen abschotten. Dann ruft eine begeisterte Stimme: »Aber sieh mal da, Platons Haus!« Nach links schauend sieht der Träumer ein Haus auf der Baumkrone, bestehend aus Fallschirmseide, die in unterschiedlichen Farben lebhaft leuchtet, und dessen Seitenflächen im Wind flattern. Es hat keinen festen Fußboden – die dunkelgrünen Baumblätter bilden den Boden.

Da bemerkt der Träumer eine Gruppe junger Männer, die dort auf dem Boden stehen. In ihren Händen halten sie hohe Stäbe, an deren Spitze lebende Pflanzen befestigt sind. Zwei der Männer weisen den Träumer darauf hin, dass ihre Pflanzen sich gegenseitig berühren, als ob Kommunikationswellen zwischen ihnen verlaufen würden.

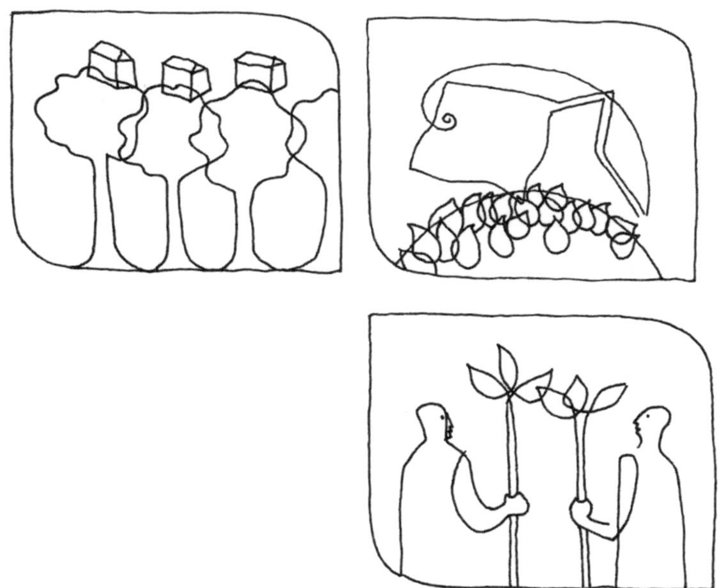

Der Traum von den Häusern auf den Bäumen

Zuallererst will der Traum uns klarmachen, dass die Idee, die menschliche Kultur sei unabhängig von der Natur, blanker Unsinn ist. Auch wenn es zunächst verrückt erscheint, Häuser auf weichen und saftigen Baumblättern stehen zu sehen, so ergibt es dennoch Sinn, wenn wir das Bild tiefer auf uns wirken lassen. Die Bäume stehen für den schöpferischen Atem Gaias, der seinen Ursprung am göttlichen Kern des Planeten hat und von da aus durch die Naturräume fließt – hier repräsentiert durch die Bäume –, um sich am Ende mit dem größeren Universum des Sonnensystems zu vereinigen.

Wenn menschliche Kultur sich auf dem Gipfel von Baumkronen positioniert, dann ist das der richtige und optimale Platz. Menschliche Behausungen und menschliche Kreativität werden vollkommen von dem aufsteigenden Atem der Mutter allen Lebens erhalten. Aus der Gegenrichtung nehmen die Baumblätter die Strahlung des Kosmos, die Sonnenstrahlen, auf; so wird die menschliche Kultur, symbolisch auf Bäume gestellt, auch im gesamten Spektrum der kosmischen Kräfte und Qualitäten gebadet.

Das ist natürlich ein Idealbild. Es ist eine Schande mit anzusehen, wie der Traum die aktuelle Situation porträtiert. Menschliche Behausungen bestehen wie Armeezelte aus dickem, grauem Material. Zudem haben sie einen soliden Fußboden, der sie von der lebendigen Baumkrone unter ihnen abschneidet und folglich auch von dem beschriebenen Austausch der Lebenskraft und Weisheit zwischen der Erde und dem Universum. Der Träumer bemerkt auch, dass einige Ecken des Zeltes beschädigt sind, was auf den Prozess des ziemlich verdeckten Verfalls hinweist, der für die moderne Zivilisation charakteristisch ist.

Als Alternative zu diesem öden Bild präsentiert sich »Platons Haus« als eine Vision der zukünftigen Entwicklung menschlicher Kultur. Das Haus Platons hat keinen festen Fußboden, um für den beschriebenen Austausch zwischen dem Mikrokosmos der Erde und dem Makrokosmos des Universums offen zu sein. Die grünen und saftigen Blätter bilden seinen Boden. Das Haus tanzt auch mit dem Wind, was wir dahingehend deuten können, dass es im Einklang mit dem Luftelement schwingt, dem führenden Element der zukünftigen Evolution des Erdclusters der verschiedenen Welten.

Frei zu sein, um mit dem Wind zu tanzen, kann als Symbol der Freiheit verstanden werden, das die kommende Ära des Luftelements charakterisiert. Durch die Erdwandlungen werden jene Abermillionen Hindernisse, die den freien Ausdruck der inneren Wahrheit unterbinden – seien es die von Menschen oder anderen Wesen – eins nach dem anderen beseitigt werden, damit wir alle die werden können, die wir wirklich sind, und gerne unseren Beitrag zur Schönheit des Lebens beisteuern. Die Farben, mit denen Platons Haus durchdrungen ist, erinnern uns daran, dass Bewusstsein in der Ära des Luftelements nicht als eine Art von mentalem Bewusstsein verstanden werden sollte, sondern als ein Bewusstsein, das vom gesamten Spektrum liebenden Gefühls durchflutet ist.

Das Haus der Zukunft heißt Platons Haus, da der griechische Philosoph Platon für eine Art von Bewusstsein steht, das aufgrund der Klarheit seines Denkens zwar rational erscheint, doch immer noch mit der Weisheit der Ewigkeit verbunden ist.

Die jungen Männer mit den an ihren Stäben befestigten Pflanzen stehen für die Transformation der Gesellschaft, die parallel zu den besprochenen Veränderungen in der menschlichen Gesellschaft ablaufen sollte. In diesem Fall sind nicht die Bäume die relevanten Symbole, sondern die »kleinen« Pflanzen. Auf von Menschen gehaltenen Stöcken »aufgepflanzt«, anstatt in die Erde gesetzt zu werden, bedeutet, dass Pflanzen der menschlichen Welt etwas Besonderes mitteilen möchten. Indem sie sich absichtlich gegenseitig berühren, demonstrieren sie eine bestimmte Art der Kommunikation, die bezeichnend für die Pflanzenwelt ist.

Wenn Pflanzen miteinander kommunizieren, gehen sie nicht von ihrer Einzigartigkeit aus. Sie sprechen aus ihrem Zusammengehörigkeitsgefühl heraus, das sich auf ihre gemeinsame Matrix bezieht, beschützt und stetig erneuert von der Welt der Devas. Im Gegensatz dazu sind Menschen daran gewöhnt, aus ihrem isolierten Selbst heraus zu sprechen, was oft zu Missverständnissen und Konflikten führt, und am Ende – wenn eine ganze Nation oder Religion entsprechend ihrer eigenen beschränkten Muster zu denken beginnt – kann es leicht zu den kaum zu lösenden internationalen Konflikten oder sogar zu Krieg führen.

Menschen sind natürlich verschieden von Pflanzen. Wir sollten niemals unsere Individualität geringschätzen. Aber mit dem Eintritt in das

Zeitalter der zunehmend normal erscheinenden Multidimensionalität können wir gleichzeitig auf zweierlei Art und Weise denken und kommunizieren, die sich auf den ersten Blick zu widersprechen scheinen. Von der eigenen individuellen Matrix auszugehen, schließt nicht aus, gleichzeitig der Art der Pflanzen zu folgen und zu kommunizieren, indem wir uns auf eine Matrix beziehen, die für uns alle, die wir im irdischen Universum leben, lieben und kreativ tätig sind, gleichermaßen gültig ist.

Um es noch einmal zu unterstreichen: Pflanzen sind nicht dazu ausersehen, Tiere in ihrer Beziehung zur menschlichen Evolution zu ersetzen. Was im ersten Teil unseres Buches erörtert wurde, bleibt bestehen – natürlich unter der Bedingung eines stetigen Wandels und der Einstimmung auf Wendungen im Verlauf der Erdwandlung. Pflanzen treten im Namen des Friedens nach vorne, um die tierischen Muster zu ersetzen, welche die patriarchalen Gesellschaften in den Bereichen der menschlichen Kommunikation und der Kulturentwicklung angenommen und missbraucht haben.

Wenn wir beginnen wollen, intensiver mit dem Pflanzenreich zusammenzuwirken, sollten wir zuerst Erfahrungen mit der Pflanzenessenz des Menschen sammeln. Zu diesen Zweck habe ich ein Gaia Touch Handritual vervollständigt, das ich bereits in dem Buch »Universum des menschlichen Körpers« veröffentlicht habe. Es ist ein Geschenk einer kleinen Stadt in Brasilien, Morro de Pilar, die am Hang eines heiligen Hügels steht.

Gaia Touch Ritual,
um den Pflanzenkern in unserem Körper zu stärken

- Lege deine Hände so vor deinen Brustkorb, dass eine Hand vertikal nach oben weist, während die andere horizontal dazu liegt und nach vorne in Richtung Horizont zeigt. Dabei berühren sich beide Handflächen.
- Dann bewege die vertikal liegende Hand nach oben und gleichzeitig die horizontal liegende nach unten. An eine Bewegung schließt sich unmittelbar die Gegenbewegung an.

- Immer wenn die Hände sich wieder vor der Brust treffen, gibt es eine kleine Pause. Während der Pause ändert sich die Position der Hände, während die Handflächen sich weiterhin berühren. Die vorher horizontal liegende Hand geht nun in die vertikale Position und umgekehrt.
- Nach dem Wechsel bewegen sich die Hände wie zuvor, gleichzeitig nach oben und nach unten.
- Fahre mit dieser Bewegung eine Weile fort, dann beginne mit folgender Imagination: Stelle dir vor, wie grüne Zweige beginnen, aus deinen Ohren herauszuwachsen.
- Wie fühlst du dich? Nimmst du Veränderungen in der Qualität deiner Präsenz wahr?

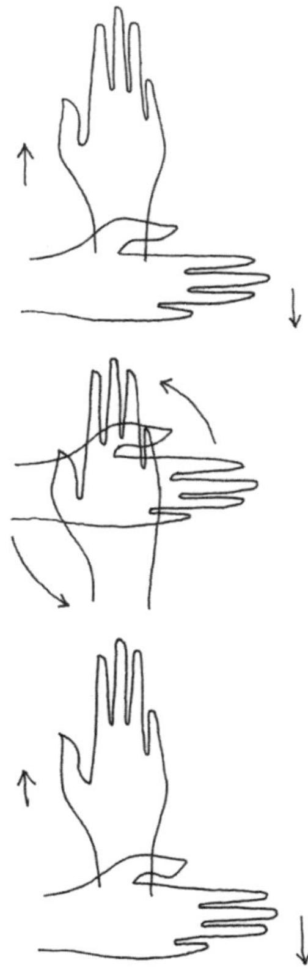

Gaia Touch Ritual, um den Pflanzenkern in unserem Körper zu stärken

4

Funken Gaias, subelementare Welten und das alles durchdringende Lebensplasma

Das Jahr 2018 begann mit einem kurzen, doch bedeutungsvollen Traum. Ich beobachtete einen Restaurator bei seiner Arbeit an einem alten Ölgemälde, das die weiße Taube des Heiligen Geistes darstellte. In der christlichen Theologie ist der Heilige Geist die dritte Person der heiligen Dreieinigkeit. Sein Zweck besteht darin, die göttliche Inspiration in die verkörperte Welt zu bringen, zu allen Wesen, allen sozialen Einheiten, zu jeder einzelnen Zelle jedes lebendigen Organismus. Im Traum ging es darum, dass der Restaurator eine falsche Bewegung machte und mit seinem Werkzeug an einer Stelle durch die Oberfläche des Gemäldes brach. Das Resultat war ein Riss, durch den ich in den Hintergrund des traditionellen Bildes des Heiligen Geistes sehen konnte. Dort erblickte ich ein Universum voller freudig tanzender Lichtfunken.

Ich glaube, dass ich hier eine Ahnung davon bekam, was die Idee des Heiligen Geistes eigentlich bedeutet, wenn wir sie in das Umfeld unseres täglichen Lebens übersetzen.

Der kurze Traum brachte mich dazu, mich an einen anderen, sehr viel längeren Traum zu erinnern, den ich zehn Jahre zuvor träumte, als ich zusammen mit einer Gruppe von Freunden auf Fuerteventura, eine der Kanarischen Inseln, unterwegs war und dort an einem Geopunktursteinkreis meißelte. Ich habe den Traum bereits in meinem Buch »Der Quantensprung der Erde« veröffentlicht, aber hatte zu jener Zeit noch nicht den oben erwähnten Hinweis, so dass die Interpretation nicht genau genug war.

Eine Gruppe von Leuten trifft sich zufällig an einer Tankstelle. Sie sprechen auf Deutsch über die Bedrohung durch die Erdwandlungen. Zur gleichen Zeit dröhnen von den Lautsprechern die aktuellen Nachrichten auf Slowenisch. Die zwei Sprachen mischen sich so unangenehm, dass wir einander nicht verstehen. So gehe ich zu dem Tankwart, um ihn zu bitten, die Lautsprecher auszuschalten. Er entgegnet mir, das sei nicht so einfach, weil sie keinen Ein-Aus-Schalter hätten. Er bringt mich zu einem der Lautsprecher, damit ich das Problem selbst erkennen kann.

Während wir nebeneinander her laufen, bemerke ich, dass ich es mit einer ungewöhnlichen Person zu tun habe. Mit seinem weißen Bart erinnert er mich eher an einen spirituellen Meister als an einen Tankwart.

Er meint, wenn ich ihn die Treppe hinauf begleite, würden wir sicher den Schalter finden. In der Tat gibt es da eine schmale Treppe, die auf das flache Dach der Tankstelle führt. Zu meiner Überraschung steht dort ein längliches Holzhaus, schmuck wie aus einem Märchen. Der Tankwart geht hinein, um die Lautsprecher auszuschalten. Ich spähe durch das Fenster nach dem

Der Traum von Gaias Funken

Meister und erblicke da drinnen eine Schar kleiner, nackter Wesen, die wie Kinder aussehen, und fleißig dabei sind, alle Arten von kunstgewerblichen Arbeiten herzustellen, was wir von kleinen Kindern nicht erwarten würden. Als ich zusammen mit dem Meister die steile Treppe hinunterstolpere, singen die »Kinder« im Chor ein Lied vom Zusammenbruch des kommunistischen Ostblocks und dem Fall der Berliner Mauer. Zur gleichen Zeit versuche ich, mich an meine lieben Freunde zu erinnern, die bereits gestorben sind.

Es ist offensichtlich, dass die Tankstelle mit ihren störenden Lautsprechern für die moderne Zivilisation steht, die ihre treibende Kraft durch die Ausbeutung fossiler Reserven der Erde bezieht. Der Tankwart der Tankstelle übernimmt die Rolle eines spirituellen Meisters, um deutlich zu machen, dass seine Botschaft von der verantwortlichsten Ebene der Menschheit stammt, der sogenannten spirituellen Welt. Die Botschaft besagt, dass es nicht möglich ist, die gewaltigen Probleme der gegenwärtigen Kultur auf derselben Existenzebene zu lösen, auf der sie immer wieder neu erschaffen werden. Gemeint ist dieser Unsinn, dass erneuerbare Energien, die Recyclingindustrie, die Minderung der Luftverschmutzung usw. den verwundeten Planeten heilen könnten.

Um auf die Möglichkeit einer dauerhaften Lösung zu verweisen, führt er den Träumer auf eine andere Realitätsebene, symbolisiert durch das Dach der Tankstelle. Dort präsentiert er ihm eine bestimmte Art von Wesen, die helfen könnten, den tödlichen Haufen von Problemen zu lösen, der dem Planeten in den letzten fünftausend Jahren patriarchaler Herrschaft auferlegt wurde.

Wie weitreichend der Leistungsumfang dieser Wesen sein könnte, wird durch ihren Chor verdeutlich, der den überraschenden Fall der Berliner Mauer und den auf keinen Fall zu erwartenden Zusammenbruch des kommunistischen Sowjetregimes in Erinnerung ruft. Doch wer sind diese geschickten Wesen, die aussehen wie Kinder, und solch einen gigantischen Wandel zur Vollendung bringen können?

Einen Hinweis, in welche Richtung ich suchen sollte, entdeckte ich in dem Buch meines lieben Freundes William Bloom »The Christ Sparks«, das ich – nach dem Ausgangstraum vom dem am Bild des Heiligen Geistes arbeitenden Restaurators – in meiner Bibliothek wiederentdeckte. Ich besitze dieses Buch seit 1995, als es veröffentlicht wurde, aber ich sah keine Beziehung zu den gegenwärtigen Erdwandlungen und vergaß es.

Das Buch entstand, nachdem William Bloom im Jahr 1987 unerwarteterweise von »Sparks« kontaktiert und gebeten wurde, ihnen während einiger Sitzungen zuzuhören und ihre Botschaft niederzuschreiben, die sie auf der jetzigen Stufe unserer Evolution für wichtig hielten.

Diese »Sparks« (zu deutsch »Funken«) zeigten sich William als eine große Gruppe von Wesen, die sich in Schwärmen durch den atmosphärischen Raum bewegten, wie wir es zum Beispiel von Bienen her kennen. Sie sind individuelle Wesen mit ihrer eigenen Bewusstseinsdimension und gleichzeitig ein vollkommen verbundenes Kollektiv. Als solche versuchen sie, den Menschen zu übermitteln, wie wichtig es sei, in dieser Zeit großer Veränderungen ein Gefühl für das kollektive oder Gruppen-Bewusstsein zu entwickeln – was nicht im Gegensatz zu der individuellen Haltung steht, die wir modernen Menschen über alles wertschätzen.

Die Sparks, die William kontaktierten, stellten sich selbst als die Gruppe vor, die den »Avatar der Synthese« begleitet; von daher kommt der Name, den sie für sich selbst gewählt haben, die »Christ Sparks«. Sie beschreiben den Avatar der Synthese als ein hochentwickeltes Wesen, das dem Raum jenseits unserer Galaxie entstammt. Er hat den Hilferuf der Erde, ihr im Prozess der nahenden Erdwandlungen beizustehen, gehört und unseren Planeten zum ersten Mal in den 60er Jahren des vorigen Jahrhunderts mit seiner Präsenz und Inspiration berührt. Sparks begleiten ihn, um seine Inspiration für ein Neues Zeitalter der friedlichen Koexistenz aller Erdwesen in der Menschheit (die jedoch stur den alten Weg weitergeht) zu verankern.

Der obige Traum von 2008 verbindet die Sparks nicht ausschließlich mit ihrer Aufgabe im Dienst des Avatars der Synthese, sondern führt uns die unbedingte Notwendigkeit vor Augen, uns ihrer Anwesenheit bewusst zu werden und ihre Fähigkeit zu erkennen, der Menschheit im Prozess der nahenden Erdwandlungen beizustehen, die ein Chaos verursachen könnten. In diesem Zusammenhang kenne ich sie als Gaia-Funken.

So stellt sich die Frage, warum die Zusammenarbeit mit Gaia-Funken nicht genauso schnell fortschreitet, wie wir der Zerstörung der Erde und ihrer Atmosphäre näherkommen?

Über diese Frage grübelnd, hatte ich einen Traum, der mir klarmachte, dass es ein Bündel von schwerwiegenden Blockaden gibt, welche die Kooperation zwischen der menschlichen Familie und den Funken verhindern.

Ich gehe einen Korridor entlang und bin überrascht, dass alle Türen auf der linken Seite, die zur Welt der Gaia-Funken führen, geöffnet, während die auf der rechten Seite verschlossen sind. Die rechten Türen stehen für die erwähnten Blockaden.

In der folgenden Meditation näherte ich mich den verschlossenen und auch den geöffneten Türen eine nach der anderen, um die Blockaden auf meinem Körper fühlen zu können, um sie zu identifizieren und ihre Ursachen zu erkennen. Lasst mich das Ergebnis meiner Untersuchung präsentieren.

1 In mir ist ein unerkannter Zorn wegen der nahenden Erdwandlungen, die mich in eine unbekannte psychische und physische Verfassung drängen, die ich nicht selbst gewählt habe.

Gaia-Funken sind Wesen des Lächelns und der Freude. Die Vibration des Ärgers hält sie von Menschen fern.

2 In mir gibt es eine tiefe Angst dieser nie zuvor erfahrenen intensiven Mischung von Zerfall und gleichzeitigem Aufbau des Neuen zu begegnen, das durch die Erdwandlungen auf uns zukommt.

Gaia-Funken sind Boten des fröhlichen Optimismus und einem unbegrenzten Glauben an die Weisheit des Lebens. Die Vibration der Angst hält sie fern von Menschen.

3 In mir ist ein tiefer Kummer, wenn ich mir bewusst mache, dass alle natürlichen und kulturellen Konstellationen, an die ich gewöhnt bin und die ich liebe, verlorengehen oder im besten Fall von etwas ersetzt werden könnten, das ich nicht kenne.

Gaia-Funken sind Boten der Schönheit und der Hoffnung. Die Vibration des Kummers hält sie von Menschen fern.

4 Als Mensch des modernen Zeitalters fühle ich mich zerrissen zwischen tausend Anforderungen der alltäglichen hektischen Lebensweise und verliere dabei die Fähigkeit, mich zu konzentrieren und im gegenwärtigen Moment präsent zu sein.

Ich lernte von den von William Bloom empfangenen Botschaften, dass Funken Wesen einer vollkommen miteinander verbundenen Gemeinschaft sind. Auch wenn sie sich weltweit ausdehnen, wissen sie in jedem Moment ganz genau, was jede Einheit ihres Schwarms fühlt und denkt. Sie sind weit verstreut, aber auf den Punkt genau konzentriert.

Die Vereinzelung der Menschen und deren Verlust von Zusammengehörigkeitsgefühl verhindert ihre Zusammenarbeit mit der menschlichen Gattung.

Die Liste der Blockaden könnte sogar noch länger sein. Deshalb empfehle ich dringend, an der Transformation der angeführten Blockaden zu arbeiten, indem wir die Methode der Entkopplung und der Transformation auf der interzellulären Ebene anwenden, weil wir es mit tiefsitzenden Blockaden im Unterbewusstsein zu tun haben. Die Methode, ein Geschenk des Canal Grande in Venedig, wurde im 5. Kapitel des zweiten Teils des Buches beschrieben.

Auch kann das Verständnis der Position der Gaia-Funken im komplexen irdischen Universum dabei helfen, Brücken zu bauen. Überraschenderweise können wir das beste Modell für die Beziehung zwischen den Funken und der Erde mit ihrer Drachenkraft an einem Relief finden, das in das Hauptportal der Basilika San Marco in Venedig eingemeißelt ist. Es ist fast tausend Jahre alt, und dennoch finde ich es genau passend.

Das Relief zeigt Gaia als Mutter des Lebens auf dem Rücken eines Drachens sitzend. In ihren Händen hält sie blühendes Laub, um sich selbst als Schöpferin des irdischen Lebens auszuweisen. Indem sie auf dem Drachen sitzt, verweist sie auf die Drachensphäre als ihr ursprüngliches, schöpferisches Werkzeug, mit dem sie die mannigfaltigen Erdcluster der verschiedenen Welten in jedem folgenden Moment erschaffen, abbauen und wieder aufbauen kann.

Gaia auf dem Drachen von dem Hauptportal der Basilika San Marco in Venedig

Die Dimension ihrer Funken kommt auf der nächsten Stufe der Schöpfung zur Geltung. Sie sind auf dem Relief in der Form eines Drachenbabies dargestellt, das aus dem Drachenschwanz herauswächst. Das Drachenbaby trinkt Milch von Gaias Brust.

Stillen bedeutet, dass Lebenskraft und mit ihr Liebe und Weisheit der Mutter an alle Erscheinungen und Wesen des Lebens abgegeben wird. Nach dem Modell an der Basilika sind Gaia-Funken eine Gemeinschaft von Mikrowesen mit einem weiten Funktionsbereich. Eine ihrer Aufgaben ist ihr Einsatz bei der Verteilung der urbildlichen (subatomaren) Kräfte, des Bewusstseins und der Weisheit Gaias an all ihre Wesen und auf allen Ebenen ihrer Schöpfung. Dabei werden die überstarken Drachenkräfte so umgewandelt, dass sie das Leben nicht verbrennen, sondern lebensfördernd wirken.

Seit Dekaden ziehen Gaia-Funken die menschliche Aufmerksamkeit auf sich, indem sie sich durch kleine farbige Sphären, sogenannte »Orbs«, sichtbar machen. Sie erscheinen auf Fotografien, die an energetisch stark aufgeladenen Orten aufgenommen wurden, oder im Zusammenhang mit Ereignissen, die eine starke Energie aufweisen. Von außen betrachtet sehen sie aus wie winzig kleine Sphären, aber von innen her sind sie als intelligente Wesen zu erkennen.

Gaia-Funken in der Form von Orbs

Gaia-Funken begannen durch Phänomene in Gestalt der Orbs Menschen auf sich aufmerksam zu machen, weil sie sich entschieden hatten, ihnen zu ihrem eigenen Vorteil eine Zusammenarbeit anzubieten, mit der Absicht den Wandlungsprozess auf der persönlichen wie der planetarischen Ebene zu beschleunigen. Folgende Übung bietet die Möglichkeit, mit Gaia-Funken in Kontakt zu kommen, um eine Zusammenarbeit mit ihnen zu verwirklichen.

Auf dem menschlichen Körper können die Chakren des Luftelements von den Funken als Eintritt in die manifeste Welt benutzt werden. Zwei dieser Chakren konzentrieren sich auf je einem Fuß und zwei weitere auf je einer Handfläche. Sie können als interdimensionale Portale dienen. In der christlichen Überlieferung sind sie als Stigmata Christi bekannt.

Doch in welcher Form erscheinen die Funken durch diese Portale? Sie erscheinen als Luftblasen – wie jene, die aus dem Mund einer Person austreten, wenn sie unter Wasser taucht.

Entscheide dich, welches Paar der Stigmata, das an den Händen oder das an den Füßen – oder beide gleichzeitig – du benutzen möchtest, um einige der kreativen Prozesse Gaias zu unterstützen. Zum Beispiel:

- Möge auf allen verschiedenen Ebenen der Erde Friede herrschen!
- Möge die Menschheit Gaias Plan erkennen, wie die herannahende Bedrohung des Lebens auf dem Planeten zu verhindern ist!
- Möge die Menschheit sich anregen lassen, mit Gaia und all ihren schöpferischen Wesen zu kooperieren!
- Du kannst eine andere Absicht wählen, entsprechend deiner Intuition oder deinem gegenwärtigen Bedürfnis.

Dann entlasse die Gaia-Funken mit der erwählten Botschaft in Form einer fortlaufenden Kette von Luftblasen in deine Umgebung und in die Welt. Dabei kannst du dir mit dem Rhythmus deines Atems helfen.

In der christlichen Überlieferung gibt es noch ein fünftes Stigma, das sich an der rechten Seite des Brustkorbs auf der Ebene des elementaren Herzens – an der Spitze des Brustbeins – befindet. Dieses Zentrum gehört zu den Chakren des Elements Wasser. (Siehe dazu das weibliche Chakrensystem des menschlichen Körpers am Ende des ersten Buchteils.)

Dieses Chakra des Elements Wasser stellt ein Portal dar, durch das Gaia-Funken in die inneren Räume deines Körpers eintreten können, um darin belebend oder heilend zu wirken. Der Vorgang folgt der bewusst geführten Atmung.

- Atme durch das erwähnte Portal (durch das fünfte Stigma) Gaia-Funken aus der lebendigen Umgebung ein. (Das Portal verhindert, dass Überflüssiges eingeatmet wird.)
- Ausatmend führe die Gaia-Funken zu den Stellen in deinem Körper, wo ihr Heildienst gebraucht wird – oder führe sie einfach durch die Organe des Körpers hindurch.
- Atme die Funken sie einsammelnd – wieder ein und führe sie dabei zurück zum Portal des fünften Stigmas. Mit der nächstfolgenden Ausatmung gib die Funken an die Umgebung zurück.
- Nun folgt die nächste Einatmung.

Am stärksten wirkt diese Art der Atmung natürlich durch das Herzzentrum.

So weit mein Überblick reicht, kennen alle kausalen Ebenen der Existenz auch einen entsprechenden Ausdruck im Organismus des manifesten Lebens. Die Drachenkraft, zum Beispiel, manifestiert sich in der Atomkraft. Die Matrizen der verschiedenen Lebensformen manifestieren sich als genetischer Code. In diesem Sinne könnten wir die fast unendliche Gemeinschaft der Mikroben als die manifeste Form der Gaia-Funken betrachten. Das globale Gemeinwesen der Mikroben repräsentiert den Aspekt der Sparks, der in die materialisierte Welt hineinreicht, auch wenn sie so winzig sind, dass sie nur mit den besten Mikroskopen beobachtet werden können.

Mikroben, die verschiedene Schichten und Facetten des Lebensplasmas bilden, werden als die ältesten Lebewesen der Erde betrachtet, da sie mehrere Milliarden Jahre alt sind. Wissenschaftler entdecken, dass sie hochintelligent und lebensstützend sind. Es heißt, dass in einem Quadratmeter gesunder Erde so viele Mikroben seien wie Menschen auf dem Planeten. Obwohl sie unendlich klein sind, befinden sich etwa vier Pfund davon in einem menschlichen Körper. Aber natürlich sind sie überall in unserer Umwelt vorhanden, in ständiger Bewegung und im Austausch zwischen den Innen- und Außenwelten. Ohne dieses sogenannte »Mikrobiom« wäre das verkörperte Leben auf der Erde nicht möglich.

5
Gaia als Erdgöttin und ihre Wandlungen auf die Zukunft hin

Wenn wir von Gaia als einer Erdgöttin sprechen, heißt das nicht, dass wir sie uns als etwas Statisches vorstellen sollten, etwa als eine Skulptur auf einem Altar der Ewigkeit oder als unermessliches Licht, das fortwährend vom Zentrum des Erdclusters der verschiedenen Welten ausstrahlt. Im Gegenteil bewegt sich Gaia im Einklang mit ihrer Schöpfung, indem sie sich von einer Abfolge der Evolution zur nächsten verwandelt. Es ist zu erwarten, dass sie, genau wie wir, ebenfalls dabei ist, im Kontext des gegenwärtigen Erdumwandlungsprozesses ihre Identität zu verändern.

Im Anfang erkannte die menschliche Spezies sie als die Mutter allen Lebens. Ihr Bild erscheint eingemeißelt in den altsteinzeitlichen Höhlenbehausungen oder in Lehmfiguren wie die berühmte Venus von Willendorf. Auf der Schwelle zur Jungsteinzeit, als der Ackerbau erfunden und das soziale Leben weiterentwickelt wurde, verwandelte sich die allumfassende Göttin in eine dreigestaltige Gottheit, die den Lebenszyklus darstellte. Lasst mich ihre drei Phasen kurz beschreiben:

- Die weiße (Symbol für Frühling) Göttin der Ganzheit, die Himmel und Erde verbindet.
- Die rote (Symbol für Hochsommer) Göttin des Überflusses und des Zusammenspiels der femininen und maskulinen Prinzipien.
- Die schwarze (Symbol für Spätherbst und Winter) Göttin der Wandlung, des Todes und der Erneuerung.

Während des folgenden patriarchalen Zeitalters musste sich Gaia dem Willen der neuen polytheistischen und monotheistischen Religionen fügen und sich hinter verschiedenen symbolischen Figuren von weiblichen Gottheiten verstecken. Im Christentum zum Beispiel, erscheint ihr dreigestaltiges Wesen versteckt hinter der Figur von Maria, der Mutter Jesu von Nazareth. Sie wurde verehrt als Jungfrau Maria (weißer Aspekt), als Madonna, die Mutter von Gott (roter Aspekt) und als die Schwarze Madonna (schwarzer Aspekt).

Dieser kurze Überblick über die Vergangenheit ist vonnöten, um sich auf die gegenwärtigen Verwandlungen Gaias zu beziehen. Aber bedenke, dass die Vergangenheit von der Gegenwart übernommen wird, genau so wie die Zukunft darin enthalten ist.

Gaia zeigte mir ihre Veränderungen in Bezug auf den gegenwärtigen Erdumwandlungsprozess in einem sehr lebendigen Traum, den ich im Jahr 2002 in Madrid träumte, einem Traum, in dem sie in ihrer ganzen Stärke und Schönheit anwesend war.

Zuerst, um sich selbst vorzustellen, erschien sie in gigantischer Größe, gut proportioniert als dunkelhäutige Frau, und tanzte, ohne sich dabei von der Stelle zu rühren. Jeder Muskel auf dem Körper der Göttin bewegte sich in wellengleicher Form und wurde von dem tosenden Brüllen von tausend Ozeanen begleitet.

Dann begann sie mir die laufenden Verwandlungen ihrer Präsenz zu zeigen.

1 Zuerst stellte ich fest, dass ihr großartiger weiblicher Körper in bestimmten Momenten vorübergehend männliche Formen annahm und sie als Mann erscheinen ließ. Gaia erklärt damit, dass sie nicht die feminine-maskuline (Yin-Yang) Opposition unterstützt. Die Figur des männlichen Gottes ist in der weiblichen Form der Göttin integriert. Die Annahme, dass nach der von einem patriarchalen Gott beherrschten Periode wir uns einem von der Göttin dominierten Zeitalter annähern, wurde damit als Unsinn erklärt. Wir nähern uns einem Zeitalter der Partnerschaft zwischen den weiblichen und männlichen Prinzipien an.

2 Dann wurde meine Aufmerksamkeit zu Gaias linker Hand geführt, in der sie etwas Ähnliches wie einen Apfel hielt, so wie alte Göttinnen es oft taten. Als ich es aus der Nähe betrachtete, entpuppte sich der »Apfel« als aus zwei Figuren bestehend, die aussahen wie Kinder und in der Form eines Apfels zusammensteckten. Eins von ihnen erschien unschuldig und glücklich, das andere war mit einem schweren Kreuz beladen. Ich interpretiere das Symbol als ein Versprechen der neuen

Gaia, eine Synthese herzustellen zwischen der östlichen Spiritualität, initiiert von Buddha, und der westlichen, inspiriert von Christus. Buddha kann als der Avatar der spirituellen Freiheit und Christus als einer angesehen werden, der die Menschen lehrt, wie sie den Herausforderungen des täglichen Lebens begegnen können. Wenn beide miteinander verbunden werden, könnten sie die Grundlage für eine neue überreligiöse Spiritualität sein.

3 Als nächstes wurde meine Aufmerksamkeit zu Gaias Gesicht gelenkt. Es erschien mir in einem Prozess des überraschenden Wandels. Zuerst zeigten ihre Gesichtszüge die erhabene kosmische Qualität, wie sie oft auf Bildnissen der Göttin alter Kulturen zu sehen ist. In der zweiten Phase wurden Gaias Gesichtszüge immer menschlicher. Während ich mit Ehrfurcht ihr sich wandelndes Gesicht betrachtete, verstand ich, dass die Göttin ihren erhabenen göttlichen Status hinter sich lässt, um eine Partnerin des Menschengeschlechts und ihrer anderen Evolutionen zu werden. Wie bereits erwähnt, wurde dies schon durch

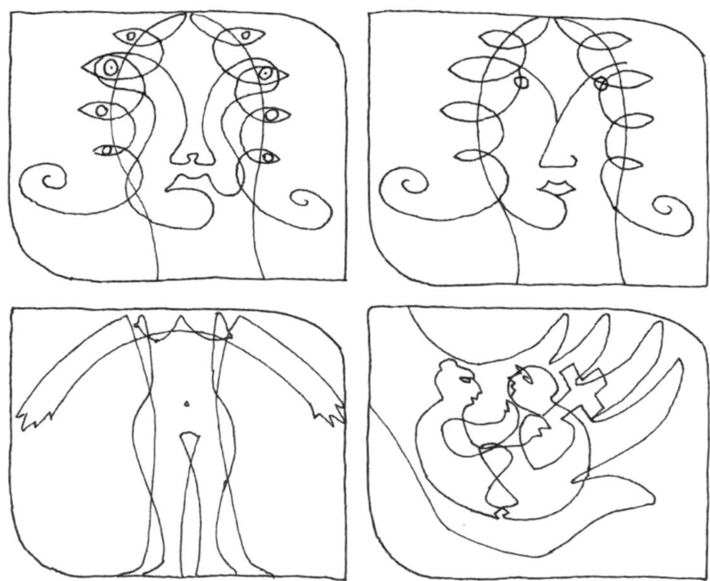

Wandlung der Göttin, wie sie in meinem Traum aus Madrid erschien

die Qualität des ganzen Traumes deutlich gemacht. Sie selbst war die ganze Zeit im Hier und Jetzt anwesend, und es hatte nicht mehr den Anschein, als ob sie von einem fernen Zentrum des irdischen Universums aus spräche.

4 Dann zeigte Gaia ihren Plan, wie sie der Menschheit helfen will, den immer schwieriger werdenden Herausforderungen der Erdveränderungen zu begegnen.

Ich bemerkte plötzlich, dass es eine drastische Richtungsänderung der Wellen gab, die über die Schenkeloberfläche der Göttin wogten. Als Folge der widerstreitenden Richtungen der Wellen formen sich zwei friedliche Streifen oder Inseln, die von dem brüllenden Meer nicht berührt wurden.

Meine jüngste Interpretation des Bildes besagt, dass Gaia verspricht, einigen Gruppen von Menschen, die sich auf den schöpferischen und lebensunterstützenden Aspekt der Erdwandlungen eingestimmt haben, eine Art von Inseln (relativen) Friedens anzubieten. Es ist möglich, dort Obdach und Schutz zu finden und es als Basis zu nutzen, um von dort aus unruhigen Situationen entgegenzutreten und denen Hilfe anzubieten, die unvorbereitet vom Tsunami des Wandels getroffen werden. Äußerlich müssen sich diese Orte nicht von anderen Umgebungen unterscheiden, weil deren Frieden und Stabilität auf einer anderen Existenzebene verankert ist, nämlich der kausalen.

Eine andere inspirierende Umwandlung Gaias betrifft ihren roten Aspekt, derjenige, der dazu bestimmt ist, Fülle über den Planeten auszubreiten und die unzähligen auf dem Planeten Erde sich bewegenden Wesen zu ernähren – die menschliche Familie mit eingeschlossen. Innerhalb des Horizonts der Erdwandlungen beginnt sie ein anderes Antlitz ihrer göttlichen Anwesenheit zu offenbaren, die in Beziehung zur Farbe Blau steht. Die Blaue Gaia stellt einen neuen kreativen Aspekt der Roten Göttin dar.

Indem sie als Blaue Gaia erscheint, ist die Göttin dabei, Bedingungen zu schaffen, die es der Menschheit ermöglichen wird, mitzuwirken bei dem, was wir brauchen, um als glückliche Wesen zu überleben und unsere Kultur mit dem ganzen Umfang von Aktivitäten aufrechtzuerhalten.

Pflanzen, Tiere, Steine und Elementarwesen werden in diesen Prozess mit einsteigen, in dem alle ihre je eigene Funktion in dieser neuen Art kokreativer Gemeinschaft von verkörperten Wesen ausfüllen werden.

Konkret könnten wir sagen, dass die Blaue Göttin ein neues geomantisches System der Landschaft enthüllt, das zur gleichen Zeit auch ein Bewusstseinsnetzwerk ist, das verschiedene Aspekte des schöpferischen Prozesses in einer Art von räumlicher Kette miteinander verknüpft. Das System ist aus sich überschneidenden Spindelformen zusammengesetzt. Jeder dieser Formen stellt verschiedene Qualitäten dar, die im Schöpfungsprozess gebraucht werden. Die durch die überschneidenden Spindelformen neu entstehenden Elemente stehen für interdimensionale Portale, die den Übergang von einem Feld in das andere ermöglichen. Das ist neben den erwähnten Inseln des Friedens eine weitere Manifestation der neuen Gaia, die mir bekannt ist – aber da mag es natürlich auch noch andere geben.

Dieses neue Landschaftssystem transformiert die Erde selbst in ein intelligentes mitschöpferisches Wesen, das zur gleichen Zeit eine Quelle des Lernens und der Rückbindung an die Weisheit des irdischen Universums und ihrer Wesen darstellt. Der Körper der Landschaft oder der Stadtlandschaft ist dabei, mit dem Körper und dem Bewusstsein der Blauen Göttin identisch zu werden. Das bedeutet, dass in naher Zukunft und teilweise schon jetzt Gartenarbeit oder die bildhauerische Bearbeitung eines Steins genau soviel bedeutet wie das Studium eines Buches der Weisheit oder die Anbetung einer göttlichen Präsenz und die gleichzeitige Gestaltung eines erfüllten Lebens.

Um mit dem geomatischen System der Blauen Gaia in Berührung zu kommen, empfehle ich ein persönliches Gaia Touch Ritual. Es ist ein Geschenk der Stadtlandschaft der slowenischen Stadt Celje, wo ich erste Erfahrungen mit dem spindelförmigen System sammelte. Alle Gesten bilden zusammengenommen zuerst die Spindelform und führen letztlich zu einer Öffnung des Herzens.

Gaia Touch Ritual, um sich mit dem schöpferischen Netzwerk der Blauen Gaia zu verbinden

Gaia Touch Ritual um sich mit dem schöpferischen Netzwerk der Blauen Gaia zu verbinden

- Zu Beginn werden die Arme hinter dem Steißbein gekreuzt, um die untere Ecke der Spindelform anzudeuten und sich dabei mit den uranfänglichen Kräften von Gaia zu verbinden.
- Danach hebe deine Arme über den Kopf und halte sie dort gekreuzt, um die obere Ecke der Spindelform zu bezeichnen und dich mit der kosmischen Weisheit der Sophia zu verbinden.
- Nachdem du die untere und die obere Ecke der Spindel bezeichnet hast, markiere jetzt die seitlichen Ecken. Beginne mit geöffneten Armen anhand der Zeichnung.
- Lege die linke Hand auf die rechte Seite der Brust, die rechte verbleibt an ihrem Platz.
- Dann öffnen sich wieder beide Arme wie in der Geste davor.
- Nach einen kurzen Pause lege den rechten Arm auf die linke Seite der Brust, während der linke Arm in seiner Position bleibt.
- Es folgt wieder die Geste der offenen Arme.
- Nach einer kurzen Pause kreuze beide Arme vor deiner Herzmitte.
- Danach öffne beide Arme, um die entstandene Qualität der Blauen Gaia in deine Umgebung und in die Welt auszustrahlen.
- Nachdem du das Ritual einige Male wiederholt hast, bleibe eine Zeitlang mit geschlossenen Augen stehen, um seine Qualität zu erspüren.

Das Ritual ist in Resonanz mit dem kreativen System der Blauen Göttin, wie es auch im menschlichen Körper existiert, wenn wir unseren Körper als Mikrolandschaft sehen. Beim Menschen besteht das kreative System aus drei Spindeln, die sich zwei Mal überschneiden. Insgesamt stehen fünf Spindelformen für fünf Phasen des schöpferischen Prozesses. Dieser steht für den Kurs, den jeder kreative Prozess nehmen kann, wenn die schöpferische Person im Einklang mit dem neuen Realitätsraum ist, der durch die Wandlung der Roten Göttin in die Blaue Gaia entsteht.

Tatsächlich haben wir es hier mit dem neuen kausalen Hintergrund jedes kreativen Prozesses zu tun.

Die Interpretation der fünf Phasen könnte folgendermaßen lauten:

1 Der Raum des Kopfes als Schmelztiegel der schöpferischen Ideen und Eingebungen.
2 Die Kehle als ein interdimensionales Portal, das die Transformation von Ideen in kreative Imagination ermöglicht.
3 Der Raum des multidimensionalen Herzsystems flößt der kreativen Imagination den Lebensfunken ein.
4 Das elementare Herz als ein interdimensionales Portal verwandelt Imaginationen, so dass sie Entwürfe für die Verkörperung des gegebenen Prozesses werden.
5 Die Bauchhöhle als Schatzkammer der urbildlichen Drachenkräfte ermöglicht, dass aus Entwürfen verkörperte Phänomene werden können.
6 Die Mandorlaform, die den Körper umfasst (siehe die Zeichnung), macht deutlich, dass es in der Endphase einer körperlichen Handlung bedarf, um sicherzustellen, dass das gegebene Phänomen eine lebendige und atmende Realität werden kann.

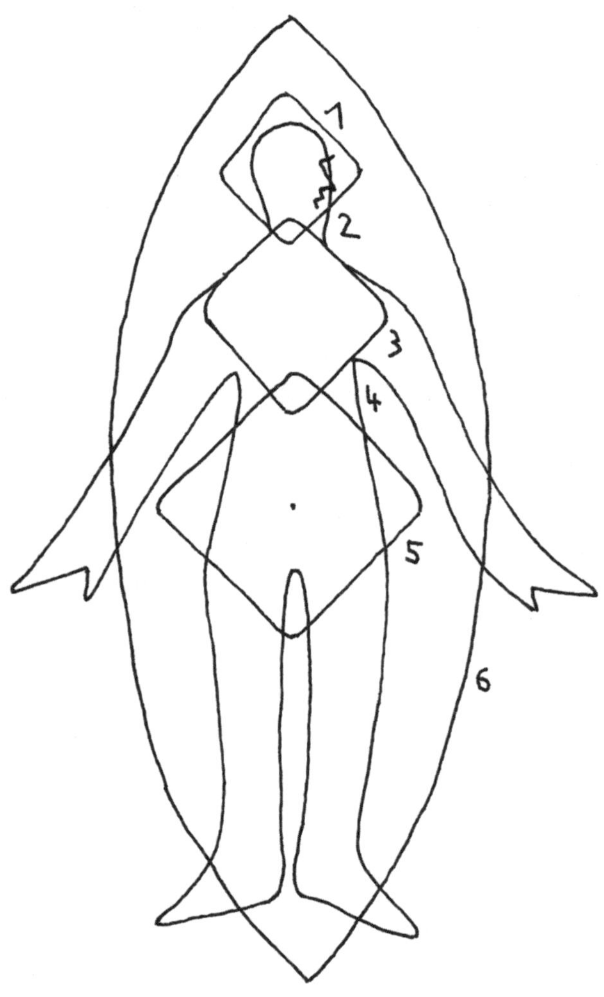

Das kreative System der Blauen Göttin im menschlichen Körper

6
Gegenkräfte, die das kommende Zeitalter des Friedens heimlich untergraben

Seid nicht so naiv zu glauben, dass der Umwandlungsprozess der Erde und der Menschheit reibungslos verlaufen könnte. Es sind machtvolle Gegenkräfte am Werk, die versuchen, die alten Existenzmodelle funktionstüchtig zu halten, auch wenn diese sich offensichtlich in einem Zerfallszustand befinden.

Die Situation ist nicht einfach zu erfassen. Auf der einen Seite werden sich immer mehr Leute dessen bewusst, dass sie nicht in Konsumgesellschaften leben wollen, deren dunkler Gegenpol andauernde Kriege sind. Auf der anderen Seite sind wir Gefangene (gewöhnlich, ohne es zu wissen) von Kräften, die versuchen, die Tatsache vor uns geheimzuhalten, dass Gaia uns eine klare und konkrete Alternative bietet.

Einer meiner letzten Träume gibt eine realistische Einsicht in die Mechanismen der Gegenkräfte.

Der Träumer fährt zusammen mit einigen Freunden in einem Auto parallel zu einem ungewöhnlichen Gefährt, das wir zu überholen versuchen. Es besteht aus einem vierrädrigen Aufbau, auf dem ein großer Korb steht, der üblicherweise dem Transport von Dung dient. Es gibt keinen Fahrer und keinen Motor, und doch fährt es mit einer wahnwitzigen Geschwindigkeit, mindestens mit 160 Stundenkilometern.

Die Straße vor uns ist vollkommen gerade und führt ins Nirgendwo.

Der Träumer beginnt, sich Sorgen zu machen, denn er möchte der geraden Straße nicht weiter folgen. Er weiß, dass bald eine Abzweigung nach links kommen wird, welche die richtige Alternative wäre. Aber dieser komische Dungtransporter kann nicht überholt werden, weil vor dem Auto des Träumers drei Wagen parallel zueinander fahren. Ihre Fahrer unterhalten sich offensichtlich durch die offenen Fenster.

Die Sorgen des Fahrers nehmen zu, weil bald die erwartete Abzweigung nach links erreicht wird, doch die drei Wagen vor ihnen versperren die Sicht, so dass es unmöglich ist, nach vorne zu schauen, um die Abzweigung rechtzeitig zu erkennen. Wegen der hohen Geschwindigkeit, mit der alle Autos fahren, könnte die wichtige Abzweigung leicht verpasst werden.

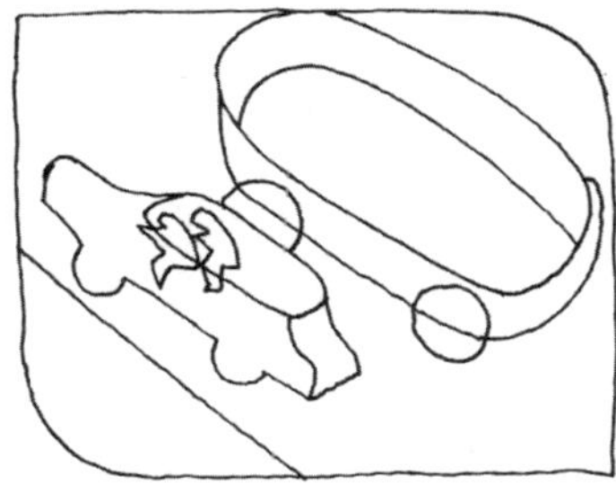

Der Traum von dem Gefährt, das Dung befördert

Das erste Bild zeigt deutlich den Widerspruch zwischen der Perfektion der hoch entwickelten Technologie und der verschmutzten und verseuchten planetarischen Umwelt. Der computergesteuerte Wagen, fähig, sich selbst zu lenken, trägt eine volle Ladung Mist.

Viele einzelne und Gruppen, die nicht bereit sind, unter solch schizophrenen Bedingungen zu leben, suchen nach Alternativen. Ihr Symbol in dem Traum ist die Wende nach links als eine Möglichkeit, die entfremdete »Straße zur Hölle« hinter sich zu lassen.

An diesem Punkt zeigt sich die Botschaft des Traumes. Es gibt Kräfte und Gruppen in der Gesellschaft, die bewusst versuchen, den erfolgreichen Verlauf des globalen und individuellen Wandlungsprozesses aufzuhalten. Die Fahrer der drei Autos, die wie zufällig genau an dem kritischen Punkt miteinander reden, wo die Abfahrt von der Hauptstraße erwartet wird, repräsentieren die Gegenkräfte, die heimlich in der menschlichen Welt daran arbeiten, das aufkommende Zeitalter des Friedens zu untergraben.

Konkret passiert das auf unterschiedliche Art und Weise, zum Beispiel werden dem öffentlichen Bewusstsein Informationen vorenthalten, die besagen, dass die anhaltenden »Klimaveränderungen« das Leben des Planeten nicht nur bedrohen, sondern auch für die Fortentwicklung der Menschheit, für unsere Kultur und für alle anderen Wesen des Universums Gaias neue und höchst wertvolle Perspektiven öffnen könnten.

Zusammenfassend können wir sagen, dass es drei Ebenen gibt, auf denen die Sabotage gegen den Wandlungsprozess wirkt.

1 Die Menschen der Erde haben Angst vor den essentiellen Veränderungen, die an der Tür ihrer Psyche klopfen, sie sind beunruhigt wegen der Herausforderungen, welche die Veränderungen mit sich bringen. Auch sind Menschen versunken in ihren existenziellen Ängsten oder ersatzweise ihrer Konsumhektik verfallen; Gegebenheiten, die von Gegenkräften bewusst in unsere moderne Gesellschaft eingeschleust werden. Als Resultat dieser Prozesse bilden sich dunkle Wolken negativ aufgeladener Kräfte, die in der ätherischen Atmosphäre hängen und den reibungslosen Verlauf der kommenden Wandlungen behindern.
2 Es gibt politische, religiöse oder andere Arten von Gruppen oder Netzwerken, die möchten, dass die Realität so bleibt, wie sie ist, damit sie ihren gehobenen sozialen oder ökonomischen Status nicht verlieren. Sie arbeiten an immer verfeinerten Maßnahmen, um den alten Realitätsraum – unter sich immer weiter verschlechternden Bedingungen – funktionsfähig zu halten, indem sie den Ruf nach Wandel ignorieren und bewusst versuchen, Aktivitäten einzelner oder von Gruppen zu behindern, die mit ganzem Herzen den anhaltenden Umwandlungsprozess der Erde unterstützen.
3 Doch es gibt noch eine dritte Art störender Präsenz, die am schwierigsten zu erkennen ist, auch wenn sie in diesen Prozess auf globalen Maßstab eingebunden ist. Verschiedene Traditionen nennen diese Präsenz »Teufel«, »Luzifer«, »Antichrist«, usw. Sie kann als der kosmische Herausforderer verstanden werden, der die Menschen in eine grundlegend falsche Richtung lenkt, so dass diese in einer Art von extrem begrenzten Bedingungen von Ort und Zeit verlorengehen.

Aber wir sollten uns darüber im klaren sein, dass, was auch immer geschieht, am Ende erlöst werden kann, wenn wir den positiven Aspekt darin erkennen. Von diesem Gesichtspunkt aus gesehen, kann das Wirken des kosmischen Herausforderers als ein Mittel gesehen werden, um die menschliche Psyche und ihr Bewusstsein aufzuwecken, damit es sich endlich von dem entfremdeten Zustand freimachen kann, in dem sich die Menschheit im allgemeinen gerade verloren hat. Sein Handeln auf der Erde kann als heikler Ausdruck der kosmischen Weisheit ausgelegt werden, deren oberstes Prinzip unsere Willensfreiheit ist. Indem sie der »Kraft, die stets das Böse will und doch das Gute schafft«, ihren Raum gewährt, und diese uns mit allen Arten von Intrigen und harten Schlägen drangsaliert, werden wir dazu gezwungen, Stellung zu beziehen.

Übungen zur Entkopplung könnten in Situationen helfen, wenn sich Menschen von widerstreitenden Kräften der ersten beiden Arten unter Druck gesetzt fühlen. Das Gaia Touch Handritual der Entkopplung von Bali wurde schon vorgestellt. Sie helfen, sich von falschen Ideen oder Energiemustern zu befreien. In einigen schwierigeren Fällen kann folgendes Handritual der Entkopplung helfen.

Gaia Touch Handritual der Entkopplung: Nummer zwei

- Halte deine Hände horizontal nach vorne zeigend vor deinem Solarplexus kraftvoll zusammengedrückt; halte dabei den Zweck deiner Entkopplung in deinem Bewusstsein.
- Dann ziehe deine Hände mit optimaler Kraft auseinander, um die bestimmte Anhaftung auszulöschen.

Aber mein Rat ist: Wenn es zu Konflikten mit den Gegenkräften der zweiten und dritten Art kommt, wäre es gut, erst nach innen zu schauen, um herauszufinden, ob es in dir eine unerkannte Ursache geben könnte, die dich zum Ziel ihrer Pfeile macht. Wenn es ein Trauma, eine Blockade oder eine falsche Absicht in einer Person oder einer bestimmten Gruppe gibt, dann gibt es keine Möglichkeit, den Angriff der Gegenkräfte abzuwehren, weil sie erfolgreich das Prinzip der Resonanzbrücke nutzen können, das sie mit der Ursache in Innern jedes einzelnen Individuums verbindet – ob diese bestimmte Person das will oder nicht.

Das heißt nicht, dass wir uns selbst nicht zu jeder Zeit auch vor fremden Einflüssen schützen sollten. Das Gaia Touch System kennt zwei Wege, eine schützende Aura aufzubauen. In beiden Fällen wird die heilige geometrische Form einer Mandorla eingesetzt. Die Übung, die den ganzen Körper beteiligt, kann in meinem Buch »Universum des menschlichen Körpers« (Seite 149) gefunden werden. Hier ist diese ursprüngliche Form in Handbewegungen übersetzt worden, die wir gegebenenfalls schnell anwenden können, falls die Situation es nicht erlaubt oder es befremdlich erscheinen würde, das ganze Körperritual durchzuführen, wie zum Beispiel vor einem Supermarkt, den du gerade betreten willst.

Gaia Touch Handritual zum Schutz mit Hilfe der Mandorlaform

- Um die beiden spitzen Ecken der Mandorlaform darzustellen, sollte auf der einen Seite die Grundfläche der Hand und auf der anderen die Spitze des Mittelfingers gebraucht werden.
- Die schützende Mandorla sollte drei Mal diagonal nach oben und drei Mal in die untere Richtung gezogen werden, indem die Hände nach hinten und vorne bewegt werden – wie (in der Zeichnung) dargestellt.
- Während du die Mandorla mit deinen Händen nachzeichnest, habe das Gefühl, dass du inmitten der erschaffenen Form stehst, die letztlich sphärischer Natur ist.

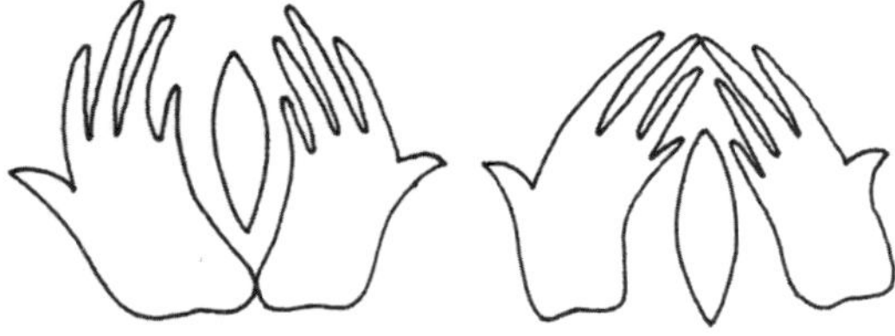

Gaia Touch Handritual zum Schutz mit Hilfe der Mandorla Form

7
Was sagt die *Apokalypse* zu den gegenwärtigen Erdwandlungen?

Als ich im Jahr 1997 bemerkte, dass der Umwandlungsprozess der Erde auf der Ebene der verkörperten Realität angekommen war, begann ich nach Informationen zu suchen, um zu verstehen, was vor sich ging. Unter anderem las ich die Offenbarung des Heiligen Johannes, die *Apokalypse* genannt. Als letzter Text in der christlichen Bibel, geschrieben vor fast zweitausend Jahren, erzählt er von den zukünftigen Veränderungen des irdischen Universums. Der Text ist jedoch durch eine starke Symbolik verfremdet, so dass es unmöglich erscheint, dort irgendeine Hilfe zu finden.

Im Sommer 1998 bat ich endlich meinen elementaren Meister um Hilfe. Sein Rat ergab Sinn. Er übermittelte mir telepathisch, dass ich die Offenbarung vom zentralen 12. Kapitel aus lesen sollte. Das Buch ist wie eine symmetrische Figur aufgebaut: Wir sollten im Zentrum mit dem Lesen beginnen und fortfahren, indem wir gleichzeitig in abwechselnder Reihenfolge die Kapitel in den Richtungen nach links und rechts lesen.

Nun seht, was wir am Beginn der Offenbarung entdecken! Wir finden dort die Niederschrift des ethischen Kodex, der sich aus sieben Punkten zusammensetzt und der einzelnen Person einen Schlüssel an die Hand gibt, wie sie sich sicher durch die Erdwandlungen hindurchbewegen kann. Entsprechend werden am Ende der *Apokalypse* sieben Charakteristika der neuen Erdsphäre beschrieben, die sich auf die Epoche des Luftelements beziehen. Das Buch der Offenbarung nennt sie das »Neue Jerusalem«.

Die binäre Darstellung der Zusammenstellung der Offenbarung war notwendig, um ihre Botschaft vor möglichen Verstümmelungen in den folgenden Zeitaltern zu schützen. Es ist normal, ein Buch von vorne nach hinten zu lesen, aber die Offenbarung in der normalen Abfolge zu lesen, führt den Leser hinters Licht und schützt den Inhalt der versteckten

Botschaft. Die Offenbarung sollte in ihrer Gesamtheit und Bedeutung für unser heutiges Zeitalter aufbewahrt werden, wenn ihre Unterstützung gebraucht wird.

Wie bereits erwähnt, sollten wir das Buch der Offenbarung in der Mitte anfangen zu lesen. Wenn wir bedenken, dass das Buch 22 Kapitel hat, ist das 12. Kapitel das zentrale. Und was finden wir hier? Das 12. Kapitel beginnt mit den Worten: »Dann wurde ein großes Zeichen am Himmel sichtbar – die Gestalt einer Frau, bekleidet mit der Sonne, mit dem Mond unter ihren Füßen und einer Krone mit zwölf Sternen auf ihrem Kopf.« Sie war schwanger und schrie auf in ihren Wehen und den Schmerzen, ein Kind zur Welt zu bringen. (Offb 12.1)

Zuallererst sind wir überrascht, weil der Urgrund der Schöpfung von einer Frau repräsentiert wird und nicht von dem Bild eines männlichen Gottes. Doch es kann hier kein Missverständnis geben. Die Symbole geben deutlich zu verstehen, dass sie es ist, die Eine, die alle drei Erweiterungen des Universums verkörpert. Die Krone mit zwölf Sternen auf ihrem Kopf steht für die Dimension der Galaxie. Bekleidet mit der Sonne bedeutet, dass sie ebenfalls die Kräfte des Sonnensystems darstellt. Ihr Stehen auf dem Mond bezieht sich auf die irdische Dimension als ihre dritte Domäne.

Interessanterweise gibt die Offenbarung der zentralen schöpferischen Präsenz unseres Universums keinerlei Namen. Sie könnte die Universelle Mutter, Gaia in ihrem kosmischen Status genannt werden, oder Sophia, die Weisheit der Ewigkeit. Aber es ist offensichtlich: Sie steht für ein neues Kapitel der Schöpfung, inspiriert von dem femininen Aspekt der Göttlichkeit. Es gibt auch einen Hinweis auf die gegenwärtige Umwandlung des patriarchalen Bildes Gottes. Sie ist schwanger mit dem »männlichen Kind, das alle Nationen umsorgen wird ...« (Offb 12.5)

Um der symmetrischen Struktur der Offenbarung zu folgen, müssen wir nach dem 12. Kapitel das 11. und das 13. betrachten. Interessanterweise erzählen sie die Geschichte der Gegenkräfte, die im Geheimen das kommende Zeitalter des Friedens unterminieren. Wir haben uns damit in einem der vorherigen Kapiteln unseres Buches befasst. Entsprechend ihrer symmetrischen Struktur präsentiert die Offenbarung zwei Aspekte dieser Gegenkräfte.

Das 11. Kapitel spricht von den Menschen, die in ihren Ängsten und negativen Emotionen gefangen und nicht mehr in der Lage sind, die Anwesenheit ihrer eigenen Seele und ihrer spirituellen Aspekte zu erkennen. In der Offenbarung erscheint diese Facette der Gegenkräfte als spiegelverkehrt zu den »zwei Zeugen«, welche für den Seelen- und Geistaspekt des Menschen stehen, der heutzutage von der großen Mehrheit der menschlichen Gattung ignoriert wird. (Offb 11.8)

Kapitel 13 auf der anderen Seite des symmetrischen Aufbaus der Offenbarung präsentiert eine aggressivere Art der Gegenkräfte, die auf dem Prinzip des Dualismus beruhen. Sie werden dargestellt in Gestalt zweier Ungeheuer, das eine kommt aus dem Wasser und das andere aus der Erde. Das erste arbeitet direkt gegen die Erdwandlungen, mit den Mitteln antispiritueller Propaganda. Das andere verführt den Menschen mit modernen technischen Errungenschaften: »Es vollbringt große Zeichen: vor den menschlichen Augen lässt es Feuer vom Himmel zur Erde fallen.« (Offb 13. 13-17)

Unser spezielles Interesse am Buch der Offenbarung im Kontext unseres Buches gilt den Kapiteln am Anfang und Ende des Buches. Wie schon erwähnt findet sich in den ersten Kapiteln ein ethischer Kodex, der in Form von sieben Briefen an frühchristliche Gemeinden in Kleinasien geschickt wurde. Er kann dem einzelnen Menschen als Richtlinie (Schlüssel) dienen, sich sicher durch die Herausforderungen der Erdwandlungen zu bewegen. Jeder der sieben Aspekte des Ethikkodex ist verschlüsselt mit dem Namen einer der antiken Städte, wohin die Briefe gesandt wurden. Hier nun meine Übersetzung der sieben Briefe, übertragen in eine uns gemäße Sprache; zuerst veröffentlicht in meinem Buch »Die Erde wandelt sich«, Knaur 1999.

Brief zu Ephesus
Folge der Stimme deines Herzens. In jeder Situation, wie schwierig auch immer, stelle sicher, dass du die Qualität und die Kraft der ursprünglichen Liebe verkörperst.

Brief zu Smyrna
Fürchte dich nicht, wenn sich zum gegebenen Zeitpunkt und Ort dein persönliches oder kollektives Schicksal manifestiert. Bewahre deinen inneren Frieden, wie auch immer die gegebenen Umstände sich gestalten mögen.

Brief zu Pergamon
Sei bereit, dem ständigen Strom der Wandlungen zu folgen. Sei aufmerksam, dass du nicht einen der vielen Aspekte deiner selbst oder deiner Kreativität überhörst, wenn er nach Veränderung ruft.

Brief zu Thyatira
Überprüfe, ob du im gegebenen Moment nicht einen Aspekt der Wahrheit vor dir selbst oder vor anderen versteckst. Lausche immer wieder dem Klang deines Herzens und überprüfe deine mentalen Gedankengänge, damit du kein Opfer von Selbstillusionen wirst.

Brief zu Sardes
Du solltest dir immer wieder der vielen Schichten deines ganzen Wesens bewusst werden. Möge dein inneres Wesen von dem Gefühl der Ganzheit umhüllt sein. Sei in jedem Moment in deinem ureigenen Kern anwesend.

Brief zu Philadelphia
Vergiss nicht, wer du bist und welchen Idealen du die Treue geschworen hast, bevor du zur Erde hinabgestiegen bist. Erinnere dich immer wieder deiner spirituellen Absicht.

Brief zu Laodizea
Jede Situation eröffnet verschiedene Möglichkeiten. Entscheide dich für die eine oder die andere. Das einzige, wovor du dich in Zeiten großen Wandels hüten solltest, ist, unentschieden zu sein.

Und was kann über die erneuerte Erde gesagt werden, wie sie in den letzten zwei Kapiteln der *Apokalypse* dargestellt wird? Dort trägt sie den Namen des Neuen Jerusalem. Wir wollen versuchen, die sieben Aspekte in eine moderne Sprache zu übersetzen.

1 »Die Stadt war aus purem Gold, mit dem Glanz von Glas.« (Offb 21.18)

Die Materie der zukünftigen Erde wird transparent sein, um es auch feinstofflichen Dimensionen und Wesen zu ermöglichen, sich auf ihre eigene Art und Weise zu zeigen.

2 »Ich konnte kein Heiligtum in der Stadt sehen ...« (Offb 21.22)

Die göttliche Präsenz wird aus dem Innern jedes Wesens und jedes Ortes strahlen; es wird also keinen Grund für religiöse Institutionen geben.

3 »Die Stadt braucht kein Licht der Sonne oder des Mondes ...« (Offb 21.23)

Die Erde wird erwachsen und ist fähig, all ihre Welten und Wesen aus ihrem Kern heraus zu erleuchten. – Was nicht heißt, dass Mond und Sonne nicht mehr vom Himmel scheinen, um die Schönheit der erneuerten Erde noch zu steigern.

4 »Die Stadttore werden Tag für Tag geöffnet sein – und es wird dort keine Nacht mehr geben.« (Offb 21.25)

Das dualistische Prinzip zwischen Gut und Böse – dem Licht und der Dunkelheit – wird transzendiert und durch das Gesetz der Synergie ersetzt.

5 »Dann zeigte er mir den Fluss des Wassers des Lebens, funkelnd wie aus Kristall.« (Offb 22.1)

Was wir jetzt als Lebenskraft kennen, wird einen Quantensprung auf eine andere Existenzebene erfahren, um allen lebenden Wesen, die menschlichen eingeschlossen, als Nahrung zu dienen.

6 »Auf beiden Seiten des Flusses wächst der Baum des Lebens und trägt zwölf Früchte...« (Offb 22.2)

Ein Baum des Lebens, der auf beiden Seiten des Flusses gleichzeitig wächst – was sinngemäß unmöglich ist – repräsentiert die Art von Bewusstsein, die fähig ist, augenscheinlich völlig gegensätzliche Seiten zu verbinden, ohne ihre Vielfalt zu leugnen.

7 »Die Blätter des Baums werden die Nationen heilen.« (Offb 22.2)
Als Folge von Punkt 6 wird es möglich sein, vollkommenen Frieden unter den Nationen der Erde zu erreichen.

Die Offenbarung des Heiligen Johannes inspirierte auch ein Gaia Touch Ritual in Kooperation mit dem gigantischen Granitmonolithen Gavea, der sich hoch über die Stadtlandschaft von Rio de Janeiro erhebt. Seine Besonderheit ist ein anderer Granitstein, der horizontal auf seinem Gipfel liegt. Das vorgeschlagene Ritual wäre nicht möglich geworden, ohne dass Gavea mir ein Zitat aus dem Buch der Offenbarung ins Gedächtnis rief. Ich denke dabei an das Kapitel 10.8-10, das besagt:

Dann war die Stimme, die ich vom Himmel hörte, wieder in meinen Ohren und sagte:

»Geh und nimm das kleine Buch, das offen in der Hand des Engels liegt, dessen Füße sowohl auf dem Meer wie auf der Erde stehen.«

So ging ich zu dem Engel und fragte ihn nach dem kleinen Buch.

»Nimm es«, sagte er zu mir, »und iss es. Es wird bitter in deinem Magen sein, aber süß wie Honig in deinem Mund.«

Dann nahm ich das kleine Buch von des Engel Hand und schluckte es. Es schmeckte süß wie Honig, aber als ich es gegessen hatte, lag es mir bitter im Magen.

Die erste Phase des Rituals stellt die Offenbarung der engelhaften Dimension des Menschen heraus, die in der *Apokalypse* als »süß« bezeichnet wird. Die zweite Phase, die sich auf die Beckenhöhle fokussiert, korrespondiert mit den Aktivitäten des Elementarwesens, im Buch der Offenbarung als »bitter« bezeichnet.

Gavea-Übung, um die Synthese der eigenen engelhaften und elementaren Identität zu erleben

- Die Hände werden in Form einer Gebetsgeste gefaltet und über dem Kopf positioniert. Diese Handform können wir uns als einen Samen vorstellen, in dem das Geheimnis der Synthese der engelhaften und elementaren Aspekte der menschlichen Identität eingeschrieben ist.

- Nun öffne deinen Mund! Die Hände, noch immer in der Samenform gefaltet, sollen zum offenen Mund zeigen, als ob man den Samen verschlucken will.
- Danach positioniere deine Hände in einer empfangenden Geste hinter deinem Rücken, um auf den Samen zu warten, der gerade durch deinen Engelsaspekt hindurchgeht, um dort unten anzukommen.
- Nachdem der Samen angekommen ist, leite ihn weiter, indem du deine Hände um deinen Bauch herum vor deine Beckenhöhle führst. Führe die Bewegung drei Mal aus, um deinen elementaren Aspekt zu berühren.
- Dann hebe den Samen auf die Ebene deines Herzbereichs, indem du deine Hände vor der Brust kreuzt. Verweile einige Zeit in dieser Position, damit die beiden Aspekte deiner Identität sich in deinem menschlichen Wesen vereinigen können.
- Danach öffne deine Arme auf Höhe der Schultern, damit deine erneuerte Identität offenbar wird.

Gavea-Übung, um die Synthese der eigenen engelhaften und elementaren Identität zu erleben

8
Hat Gaia einen Neustart ihrer Lebenssysteme im Sinn?

Beim Gespräch über die jüngsten Erdveränderungen wird oft die Idee eines Polsprungs erwähnt. Das bedeutet nicht, dass der Erdglobus sich physisch drehen, sondern dass das energetische Feld beider Pole ausgetauscht würde, was wahrscheinlich unvorhersehbare Änderungen für die Lebewesen des Planeten als auch für seine vitalen Felder zur Folge hätte. In der Tat sind Änderungen auf einem Planeten erwünscht, der dabei ist, sich einer anderen Epoche der Evolution zu nähern. Doch die Idee eines Polsprungs klingt zu technisch, ohne die Liebe Gaias in Betracht zu ziehen, die sie ihrer Schöpfung gegenüber empfindet und die ich von unzähligen Erfahrungen her kenne.

Glücklicherweise hatte ich im Spätherbst 2018 einen Traum, der erklärt, warum der eine oder andere Neustart der Lebenssysteme unausweichlich sein könnte.

Ich schaue auf die weit geöffnete Hintertür eines Autos. Ich habe ein Gefühl, als ob die Rückseite meines Kopfes offen wäre. Als ich nach innen schaue, sehe ich einen Mechanismus, wie ich ihn von den klassischen Grammophonen her kenne. Der Mechanismus funktioniert dergestalt, dass sobald eine Platte nach unten fällt, der Tonarm die Musik, die auf der Platte eingraviert ist, abnehmen kann und die Musik so hörbar gemacht wird. Wenn die Musik beendet ist, fällt die nächste Platte herunter und dann die übernächste... Aber in diesem Fall stelle ich überrascht fest, dass es so aussieht, als ob die oberste Platte dazu bestimmt ist, ihre Musik zu spielen und nicht die unterste.

Der Träumer versteht jetzt, dass die untersten Platten die Musik repräsentieren, die schon gespielt wurde bzw. sie repräsentieren die vergangenen Epochen der Erdevolution. Zum jetzigen Zeitpunkt sollte eine neue Platte in den Mechanismus hineingegeben werden, damit ihre Musik abgespielt werden kann. Entsprechend unserer Betrachtungen im ersten Teil des Buches, sollte es eine Musik sein, die in Resonanz mit dem Luftelement erklingt.

Aber an diesem Punkt in dem Traum ereignet sich etwas Seltsames. Der Stapel von Schallplatten verwandelt sich in einen Stapel von Pfannkuchen, die ordentlich übereinander liegen.

Der Träumer versteht, dass der Stapel der Schallplatten durch einen Stapel von Pfannkuchen ausgetauscht wurde, weil letztere die Matrix eines Zeitalters markierten, die keine technischen Informationen, sondern den Code des Lebens selbst in sich trägt.

Doch als der Träumer auf den obersten Pfannkuchen blickt, der nun in den Mechanismus eintreten sollte, um abgespielt zu werden, erschrickt der Träumer sehr. Der oberste Pfannkuchen ist dick und aufgequollen. Er passt nicht in den feinen Mechanismus, der es möglich machen würde, seine Musik abzuspielen. Ohne Erfolg versucht der Träumer nachzuhelfen, indem er den Pfannkuchen mit den Händen in die Öffnung des Mechanismus drückt. Zum Schluss muss er aufgeben und sagt zu sich selbst: »Was helfen könnte, wäre den ganzen Stapel von Platten herauszunehmen und eine Art von Neustart zu versuchen.«

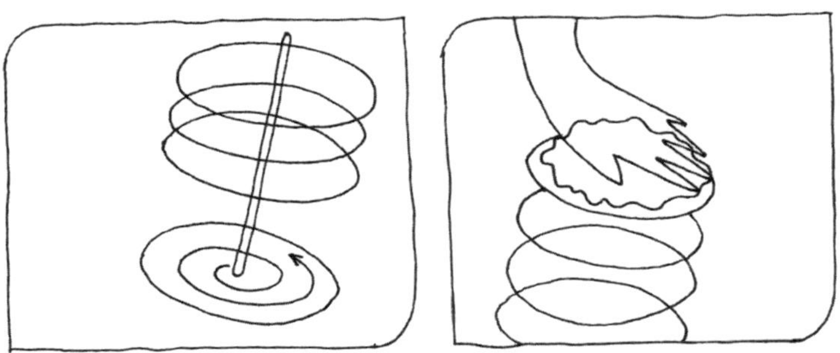

Der Traum vom Grammophon und den problematischen Platten

Der obige Traum sagt nichts darüber aus, wie der Neustart der Lebenssysteme Gaias gelingen könnte noch wie wir Menschen, eingebettet in Gaias Lebenssysteme, darauf reagieren oder uns verhalten sollten. Manche Seher sprechen von drei Tagen und Nächten der Dunkelheit, währenddessen wir in unseren Häusern bleiben sollten, ohne auch nur die Nase aus der Tür zu stecken. Den folgenden Traum, den ich vor drei Tagen träumte, könnte mehr Aufschluss über den vorhergesagten Neustart geben.

Der Träumer läuft zusammen mit einer seiner Assistentinnen über eine große, flache Landschaft. Plötzlich beginnt die Landschaft sich auf einer Seite zu heben, bis sie einen Neigungswinkel von etwa 80 Grad erreicht hat. Unter großer Anstrengung gehen wir auf der fast vertikalen Ebene weiter, weil wir annehmen, dass die obere Kante der Ebene der einzige Platz sein könnte, wo wir balanciert stehen könnten, wie wir es unter den jetzt verlorenen Raumbedingungen gewohnt waren.

Der Assistentin gelang es, diese dünne obere Kante der vertikalen Ebene zu erreichen. Sie stellt fest, dass sie dort in vollkommener Balance stehen kann, obwohl dieser Rand so dünn ist, dass es nicht einmal möglich ist, den ganzen Fuß aufzusetzen. Sie streckt sogar ihre helfende Hand nach dem Träumer aus, der nicht in der Lage ist, die letzten zwei oder drei Meter zu schaffen. Doch seltsamerweise lehnt der erschöpfte Träumer jede Hilfe ab. Stattdessen fährt er fort, die Frau davor zu warnen, herunterzufallen, weil ihre Füße über den Rand der hochgehobenen Landschaft hinausragen. Was

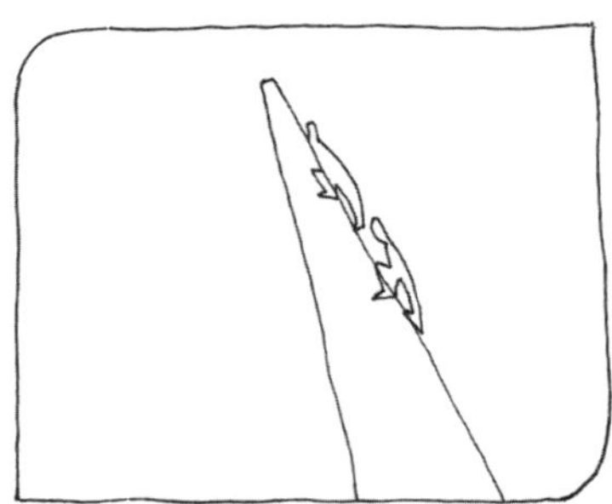

Der Traum von der gekippten Landschaft

dem Träumer hilft, nicht in den Abgrund zu fallen, ist der Rest einer Pflanze. Es ist eine Art von kleinem, totem Busch, der seinen Füßen vorübergehenden Halt gibt.

Der Traum bestätigt, dass der Neustart ein unvermeidbarer Teil der zukünftigen Erdveränderungen sein könnte. Er gibt auch einen Hinweis darauf, wie herausfordernd die Situation für Menschen sein könnte, die an bestimmte Bedingungen der Schwerkraft gebunden sind und verloren sein könnten, wenn die Umstände sich drastisch verändern. Was von dem altem Raum übrig bliebe, wäre – dem Traum entsprechend – ein solch dünner Rand, dass dort nicht einmal genug Platz wäre, um den ganzen Fuß eines einzelnen Menschen aufzusetzen.

Der Traum liefert auch einige Informationen, die nützlich sein könnten, käme es tatsächlich zu einem Neustart – in Form eines Polsprungs.

Zuallererst vermittelt uns der Traum, dass jeder Versuch, die alten Bedingungen der Schwerkraft unter den neuen Raumbedingungen wiederherzustellen, nutzlos wären, wie durch die Umstände des Träumers demonstriert wurde. Es würde immense Anstrengungen bedeuten und letztendlich würden wir, anstatt einen neuen und sicheren Standort zu haben, gezwungen sein, aufzugeben, wenn wir uns zu retten glaubten, indem wir an den Resten der verlorenen Realität festhalten.

Was helfen könnte, wäre die Unterstützung jener Menschen, die schon vorher einen gewissen Grad von Einstimmung mit den neuen Raumbedingungen erreicht haben.

Doch an diesem Punkt spricht der Traum auch eine Warnung aus, die sich auf die Reaktion des Träumers bezieht, als ihm von seiner Assistentin Hilfe angeboten wird, um die Schwelle der neuen Raumrealität zu erreichen.

Anstatt die angebotene helfende Hand anzunehmen, äußert der Träumer seine Zweifel, ob es überhaupt sicher wäre, im neuen Raum zu stehen. Stattdessen beharrt er stur auf seiner Idee, dass es gefährlich sei, im neuen Raum zu stehen.

Der Traum macht uns bewusst, dass verkörperte menschliche Wesen so fest mit den »normalen« Schwerkraftbedingungen verbunden sind, dass ihre Fähigkeit, auf einen möglichen Neustart weise zu reagieren oder gar Hilfe von anderen anzunehmen, gegen Null tendiert. Anders können wir nicht verstehen, warum der Träumer die Hilfe zurückweist, um den letzten Schritt zu tun, der ihn noch vom sicheren Platz trennt.

Das heißt, wir sollten schon heute einige Anstrengungen unternehmen, um auf eine mögliche Wende, die den globalen Raum in Zukunft von oben nach unten kehrt, vorbereitet zu sein und nicht zu warten, bis wir von Überraschungen erwischt werden. Zu diesem Zweck kann ich folgende Übung anbieten. Die Beziehung zu einer Pflanze, die für das Lebensgewebe steht, wird in der Übung ergänzt durch die Beziehung zu den Drachenkräften, die das unerschütterliche Fundament von Gaias Universum repräsentiert – dieses Fundament wird niemals verlorengehen.

- Sei präsent und in Frieden. Setze dich hin und wähle in deiner Vorstellung eine kleine Pflanze aus, um sie in deinem Schoß zu halten.
- Bilde mit deinen Händen die Form einer Tasse, in der du die ausgewählte Pflanze hältst. Achte in deiner Imagination darauf, dass ihre Wurzeln mit einem Klumpen fruchtbarer Erde bedeckt sind.
- Dann werde dir bewusst, dass hinter deinem Rücken auf der Höhe deiner Hüften ein horizontaler Strom von Gaias Drachenkräften fließt, der gleichzeitig nach links und nach rechts strebt. Es fühlt sich an wie ein dünner, aber kraftvoller Strahl von Lava.
- Das Ziel der Übung ist es, die feine und nasse Qualität der Pflanze mit der starken und feurigen Präsenz der bildnerischen Kräfte Gaias zu vereinigen – ohne dass die elementare Essenz der Pflanze verbrannt wird.
- Die Vereinigung findet in deiner Bauchhöhle statt, wo sich der Fokus deiner vollkommenen Anwesenheit befindet, solange du in der manifesten Welt verkörpert bist.
- Bewahre die vereinigte Qualität solange wie nötig oder solange, wie sie dir wertvolle Erfahrungen vermittelt. Die Übung sollte mit folgender Atmung unterstützt werden.
- Atme die Qualität der Pflanze ein, indem du den Atem in die Mitte deines Bauchs führst. Atme von dort aus, indem du die Beckenhöhle mit der Essenz der Pflanze füllst.

- Dann nimm einen Atemzug aus der Drachenkraft hinter deinem Rücken und atme in den Raum deiner Beckenhöhle aus.
- Wiederhole diese Atmung einige Male und schau, wie die Synthese beider Qualitäten entsteht. Verteile diese Qualität als eine nährende und beschützende Sphäre um deinen Körper herum.

9
Dem dramatischen Wandel kreativ begegnen

Wenn die grundlegende Beschaffenheit der manifesten Welt sich verändert, heißt das, dass wir einige neue Werkzeuge brauchen, um unter den neuen Bedingungen weiterhin kreativ zu sein. Bedenkt aber, dass Vergangenheit und Zukunft mentale Konzepte sind, was bedeutet, dass wir schon jetzt für unsere Existenz neue Werkzeuge brauchen, um optimale Bedingungen zu schaffen. Der folgende Traum machte mir schon im Jahr 2015 diese Notwendigkeit bewusst.

Wir fahren in einem extravaganten weißen Bus über eine Straße, die vom Autoverkehr völlig überlastet ist. Die Situation macht den Fahrer verrückt. Er lässt den Bus einfach mitten auf der Straße im Verkehr stecken und verschwindet.

Keiner der Reisenden hat den Mut, das Steuerrad zu übernehmen. So mache ich es. Das Problem ist, dass ich niemals in meinem Leben gelernt habe, ein Auto zu fahren – was tatsächlich der Wahrheit entspricht, ich schwöre!

Überraschenderweise funktioniert es ganz gut, solange die Straße gerade verläuft. Aber dann erreichen wir einen steilen Abhang. Das Problem ist: Ich weiß nicht, wo beim Bus die Bremse ist. Glücklicherweise entdecke ich auf der linken Seite neben dem Lenkrad eine runde Membrane. Je näher ich mit meiner linken Hand an die Membrane herankomme, um so langsamer wird der Bus beim Herunterfahren des Abhangs und umgekehrt. Ich habe dabei das Gefühl, als ob ich die Vorderseite des Busses mit meiner rechten Hand umklammern würde, was den Wagen daran hindert, die Straße hinunterzurasen.

Aber entlang des steilen Abhangs ist die Straße nicht mehr befestigt. Sie sieht eher aus wie ein gepflügtes Feld. Es scheint, als seien wir die ersten, die es überhaupt als Straße zu nutzen wagen.

Auf der Hälfte des Weges den Abhang hinunter halte ich den Bus mit Hilfe der Membrane an, weil ich langsam beginne, an ihrer Effizienz zu zweifeln. Ich drehe mich zu den Mitreisenden um und frage, ob jemand weiß, wie herkömmliche Bremsen funktionieren. Ich bekomme einige sinnlose Antworten. Einige Leute zeigen mir komplizierte mechanische Pläne, die ich überhaupt nicht verstehe.

Ich frage mich, ob ich einige Steine unter die Räder drücken sollte, um seine Stabilität zu sichern, und renne los, um meine Frau zu holen, die eine ausgezeichnete Autofahrerin ist.

Der Traum von den erstaunlichen Busbremsen

Einer der Schlüssel zum Verständnis der Traumbotschaft ist die Tatsache, dass die eben verlaufende Straße unvermittelt einen steilen Abhang hinabführt – dort aber tatsächlich in einem frisch gepflügten Feld verschwindet.

Beide Symbole bestätigen, dass wir uns dem Beginn eines weit dramatischeren Kapitels der Erdwandlungen stellen müssen. Der Traum zeigt eine Technik, wie es gelingen könnte, in einer solchen Situation kreativ zu bleiben, um sich von den schwierigen, sich gerade manifestierenden Umständen nicht zerbrechen zu lassen.

Das dieser neuen Realität zugrundeliegende Prinzip scheint verrückt zu sein. Weshalb der träumende Fahrer den Bus zum Stehen bringt, weil er beginnt an dessen Effizienz zu zweifeln, ohne sich bewusst zu machen, dass er den Bus auf dem steilen Abhang nur wegen der scheinbar nicht vertrauenswürdigen Membran anhalten konnte! An diesem Punkt übermittelt der Traum überdeutlich, dass Zweifel die neue Technologie unbrauchbar macht. Wo also könnte der Ursprung der Kraft dieser neuen Technologie liegen, wenn ein bloßer Gedanke sie zerstören kann?

Offensichtlich handelt es sich um eine Technologie, die auf den Fähigkeiten des Bewusstseins beruht. Gerade jetzt könnte es nützlich sein, sich daran zu erinnern, dass das Wort »Technologie« aus dem Griechischen stammt und soviel bedeutet wie »die Art und Weise, wie etwas zu tun ist«. Die heutige Vorstellung, dass Technologie mit etwas Mechanischem verbunden sein müsste, ist begrenzt durch den rationalen Gebrauch dieses Wortes.

Aber Bewusstsein an sich ist zu luftig, um Umstände in der verkörperten Welt zu regeln und zu bewegen. Der Traum deutet auf einen spezifischen Aspekt von Bewusstsein hin, den wir »Imagination« nennen. Imagination ist der schöpferische Aspekt von Bewusstsein, der durch das Erschaffen von inneren Bildern zum Ausdruck kommt. Aber Vorsicht: Imagination ist nicht identisch mit Visualisierung, die auf der mentalen Ebene funktioniert. Imagination wirkt auf der Grundlage von Synergie, indem sie die Informationen, die von der kausalen (archetypischen, kosmischen) Schatzkammer kommen, mit der kreativen Absicht des schöpferisch tätigen Menschen verbindet. Die Membrane an der linken Seite des Lenkrads mit der linken Hand zu steuern und gleichzeitig mit der Vorstellung des Fahrers, den Bus mit seiner rechten Hand zurückzuhalten, erscheint mir das richtige Symbol dafür zu sein.

Um ein Beispiel dieser Art von Technologie aus meiner eigenen Erfahrung zu geben, könnte ich die Gaia Touch Körper- oder Handrituale nennen, die wir ab und zu nutzen, während wir zusammen im »Bus« dieses Buches – entlang der Straße oder Nicht-Straße der Erdwandlungen – unterwegs sind.

Wie bereits erwähnt, wurden die persönlichen und Gruppenrituale der Gaia Touch Übungen durch gruppenbasierte geomantische Arbeit oder durch Erdheilungsrituale mit bestimmten Orten und Landschaften angeregt. Das bedeutet, dass die Technologie der Gaia Touch Übungen das Ergebnis eines Zusammenspiels zweier Faktoren ist: Auf der einen Seite steht eine Gruppe von Leuten, die sich Gaia und der Gesundheit ihres Universums gegenüber verpflichtet fühlen, und auf der anderen

Seite finden wir die menschliche Fähigkeit, Inspirationen zu empfangen und in Bilder und darüber hinaus in Körperbewegungen zu übersetzen.

Zum Beispiel bekomme ich eine vage Ahnung davon, wie eine Übung aussehen sollte. Dann muss ich sie so gestalten, dass sie reibungslos verläuft und ihre Abfolge anderen Personen vermittelt werden kann.

Beim Ausüben der Gaia Touch Bewegungen wird die Verbindung mit den Elementarwesen und spezifischen Qualitäten des Ortes ihres Ursprungs aktiviert. Das ist möglich wegen der vorhandenen Resonanz zwischen den bestimmten Körper- oder Handbewegungen und dem Ursprung ihrer Entstehung. Dieser muss nicht immer mit einem Ort in Beziehung stehen, oft ist er verbunden mit einer spezifischen spirituellen Quelle und mit Wesen, die sie verkörpern.

Tatsächlich habe ich jene Übungen in der ersten Dekade ihrer Anwendung »holographische Berührung« genannt, um zu verdeutlichen, dass es sich um eine Art von ultraweicher Technologie handelt, die auf dem Prinzip des Hologramms beruht.

Es ist auch wichtig zu erwähnen, dass Gaia Touch ein offenes System ist, das jeder frei nutzen darf, solange die Intention liebevoll mit dem Ziel persönlichen inneren Wachstums und dem Willen verbunden ist, die Wandlungsprozesse Gaias zu unterstützen, was zu einem neuen Zeitalter des Friedens und der Koexistenz aller Wesen ihres Universums führen wird. Das System erlaubt auch eine Weiterentwicklung einiger Übungen sowie, sie an andere weiterzugeben oder nach den beschriebenen Prinzipien neue zu entwickeln.

Ein anderes Beispiel für die von mir angewandte »Bewusstseinstechnologie« sind Kosmogramme, Zeichen in Stein oder Holz eingraviert, in Bronze oder Glas ausgeführt, oder die einfach als Zeichnungen existieren. Sie stellen visuelle Zeichen dar, in die eine multidimensionale Botschaft kodiert ist. Da Kosmogramme einen multidimensionalen Inhalt in sich tragen, vermitteln sie keine rationale Aussage wie etwa moderne Hinweistafeln, die verschiedenen praktischen oder symbolischen Zwecken dienen. Kosmogramme beinhalten eine Botschaft, die auf verschiedenen Ebenen gleichzeitig kodiert ist. Auf der einen Seite können sie als energetische Muster wahrgenommen werden; von einem anderen Gesichtspunkt aus als Kodierung eines kosmischen Archetyps; auf einer anderen Ebene jedoch als visuelle Zeichen.

Folglich können Kosmogramme als Mittel der Verständigung dienen, um andere bewusste Wesen zu kontaktieren oder bestimmte Prozesse auf verschiedenen Ebenen der Existenz in Gang zu setzen.

- Sie können als Medium dienen, um mit spirituellen oder Elementarwesen in Kontakt zu treten, die nicht in der Lage sind, Botschaften in ihrer physischen Form wahrzunehmen.
- Sie können eingesetzt werden, um Energien zu bewegen und Kommunikationsbrücken auf einer unsichtbaren Ebene aufzubauen.
- Aufgrund ihrer sichtbaren Formen sind sie nützlich, um dem rationalem Verstand Botschaften zu übermitteln, der solche ausschließlich mit den Sinnen der physischen Ebene wahrnimmt.
- Sie können Träger der Seelenpräsenz sein, um auch bestimmten spirituellen Qualitäten oder Wesen als Möglichkeit zu dienen, hier und jetzt verkörpert zu werden.

Um als vieldimensionale Zeichen zu dienen, sollten Kosmogramme als Synthese von logisch rationalen und intuitiv kreativen Prozessen erschaffen werden. Die Arbeit nach ästhetischen Gesichtspunkten wird ergänzt durch künstlerische Eingebung, die durch eine von Herz zu Herz gehende Kommunikation mit dem Ort entsteht, für den das bestimmte Kosmogramm erschaffen wurde.

Kosmogramme haben eine Besonderheit, die sie von allen anderen Arten von Symbolen unterscheidet. Sie müssen auf eine Art und Weise erschaffen werden, dass sie nicht nur objektive Formen, sondern mit ihrer eigenen Qualität von Energie und ihres eigenen Bewusstseins durchdrungen sind. Zum einen sprechen sie den Betrachter auf einer persönlichen Ebene an, zum anderen sind sie fähig, in der gegebenen Umgebung relativ autonom zu wirken. Sie arbeiten auf der Basis des gegenseitigen Austauschs zwischen den an der Kommunikation beteiligten Partnern. Sie erfüllen nicht die Funktion reiner Informationsvermittlung, wie es normale Symbole tun.

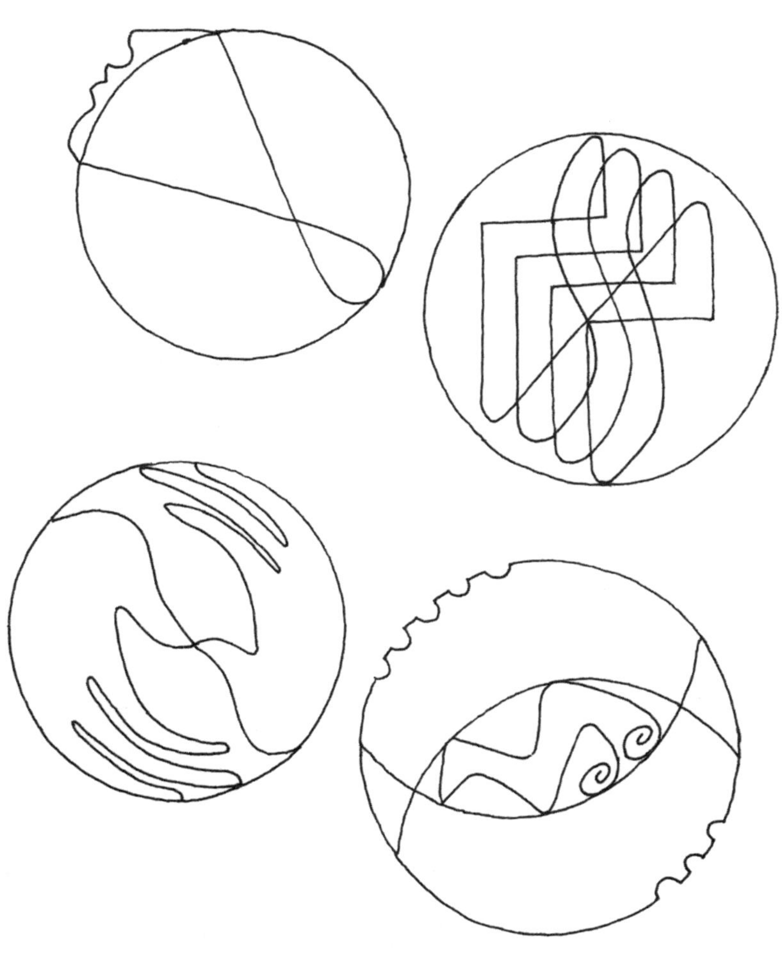

Eine Auswahl von Kosmogrammen des Autors, die für verschiedene Geopunkturprojekte in Stein gehauen wurden

10
Die Transformation der Materie und das neue Gesicht der berührbaren Realität

Über die Veränderungen der physischen Realität zu sprechen, ist gefährlich. Wir bekommen das Gefühl, die Orientierung zu verlieren und in einem unbekannten Raum verloren zu sein. Das Beste wäre, nichts darüber zu wissen.

Und doch ist es besser, für den Wandel bereit zu sein, der auf der Ebene erscheint, auf der wir zusammen mit Steinen, Tieren, Pflanzen und Landschaften verkörpert sind, als von unbekannten Situationen überwältigt zu werden. Im Jahre 2017 träumte ich einen besonders verschlüsselten Traum, der uns helfen könnte zu verstehen, was auf dieser für die menschliche Psyche hochsensiblen Ebene vor sich geht.

Der Träumer sitzt in einem Zug am Fenster neben Hanna. Sie ist die Lektorin der ersten Bücher des Träumers zum Thema des Erdwandels und des menschlichen Schicksals.

Gerade jetzt fährt der Zug an einem riesigen, industriellen, einem Quader ähnlichen Gebäude aus Beton vorbei. Dem Träumer fällt auf, dass das Gebäude sich in keinem guten Zustand befindet. An den Mauern sind Risse zu sehen, und Teile seiner Ausstattung hängen herum.

Sie erreichen ihre Station und setzen ihre Reise zu Fuß fort. Unerwartet stehen sie plötzlich vor einem hohen, wunderbaren Stein. Beim Anblick des gigantischen Megalithen ist der Träumer so begeistert, dass er fast zu atmen vergisst. Er ist so hoch wie ein Wolkenkratzer und hat wunderbare natürliche Formen mit lebhaft braunen Schattierungen.

Der Träumer möchte sich dem Megalithen nähern, um seine geomantischen Dimensionen zu erforschen. Aber nachdem er es an verschiedenen Stellen versucht hat, muss er einsehen, dass es nicht möglich ist, an den hohen Stein heranzukommen. Überall darum herum stehen private Häuser in ihren privaten Gärten und private Wege führen an ihre Türen.

In diesem Moment spricht Hanna mit einem ganz in Weiß gekleideten Mann, der zufällig zusammen mit seinem großen, weißen Hund in der Nähe des Megalithen auftauchte.

Nachdem sie mit dem Mann gesprochen hat, nähert sich mir Hanna mit der Nachricht, dass der Megalith nicht »Baldur«, sondern »Valdur« genannt wird.

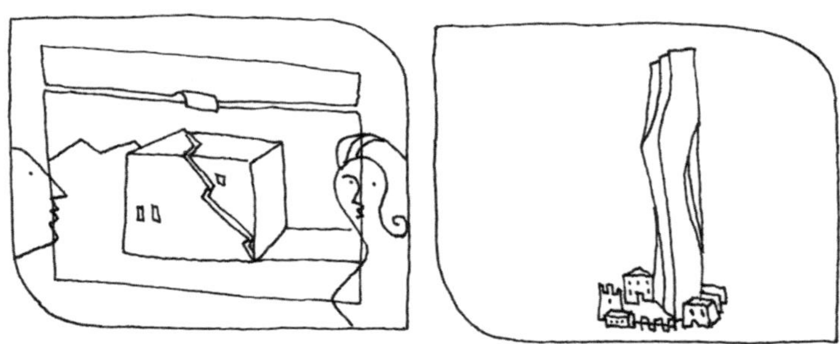

Der Traum vom gigantischen Megalithen

Da ich mit dem Traum arbeitete, seit er in meinem Bewusstsein erschien, dachte ich, dass der offensichtliche Widerspruch zwischen dem zerfallenden Betongebäude und dem machtvollen Megalithen der richtige Schlüssel sei, um die Botschaft des Traumes zu erfassen. Indem wir die alten, kulturellen Strukturen hinter uns lassen, gehen wir der Umarmung Gaias und ihrer kraftvollen Natur entgegen.

Unglücklicherweise ist das eine irreführende Schlussfolgerung. Ich würde eher behaupten, dass beide, das einem Quader ähnliche industrielle Gebäude und der gigantische, phallische Megalith, ähnlich problematisch sind. Sie repräsentieren zwei Gesichter einer Zivilisation, die das Recht verloren hat, ihre Evolution auf diesem Planeten fortzusetzen.

Tatsächlich löst sich die Faszination des Träumers angesichts des Megalithen bald auf, als er erkennt, dass der majestätische Stein ein Gefangener der selbstsüchtigen Familien ist, die an seinem Fuß sesshaft wurden.

Die Änderung des Namens des Megalithen von Baldur zu Valdur gibt einen Hinweis auf eine Manipulation seiner Matrix, mit der sein ursprünglicher Zweck umgedreht wurde. Die Buchstaben »V« und »B« können leicht vertauscht werden, ohne die verdeckte Mutation zu bemerken -- vor allem in unserer slowenischen Sprache passiert das oft. Der Mann in Weiß mit dem Hund steht als Zeuge dafür, dass die Veränderung mit Absicht geschah – vermutlich in einem okkultem Kontext.

Der Valdur-Traum äußert sich sehr klar über die gegenwärtige Beschaffenheit der materiellen Welt als eine manipulierte. Was wir heutzutage als Materie erfahren, ist nicht das, was Gaia im Sinn hatte, als sie das Bewusstsein so weit verdichtete, dass mit Hilfe der Elementarwesen der vier Elemente die verkörperte Weltsphäre in Erscheinung treten konnte. Als Resultat konnten dort einige ihrer Evolutionen, wie die menschliche, wertvolle Erfahrungen sammeln, was die Beschaffenheit der eher feinstofflichen Welten, wie zum Beispiel der ätherischen, nicht zulässt.

Indem sie für eine begrenzte Zeitperiode in der materialisierten Welt leben, können Menschen direkte Erfahrungen mit den Auswirkungen machen, die ihre eigenen guten oder schlechten Absichten auslösen. Solche Erfahrungen beschleunigen das spirituelle Wachstum der Seele ungemein.

Der Valdur-Traum macht uns ebenfalls bewusst, dass die ursprüngliche Absicht Gaias durch die Willenskraft der Menschen verändert wurde, die sich seit vielen Jahrtausenden in der Sphäre der materialisierten Realität verkörpern. Indem sie die Fähigkeiten der rationalen Logik nutzen – gekoppelt mit der patriarchalen Ideologie, die feminine Qualitäten als minderwertig ansieht –, wurde die Sphäre der Materie zu sehr verdichtet. Diese Dichte der Materie verhindert den freien Austausch zwischen der manifesten Welt und ihren wertvollen, kausalen Ursprüngen.

Ich muss zugeben, dass ich an diesem Punkt den Einfluss des erwähnten kosmischen Herausforderers wahrnehme. Es könnte seine Absicht sein, die Menschheit von ihren spirituellen Wurzeln abzuschneiden und dadurch die menschliche Gattung in einem begrenzten übermaterialisierten Raum einzusperren, abgetrennt von der göttlichen Absicht Gaias und der Intention der spirituellen Welt, die Menschheit auf ihrem Weg dahin zu führen, freie Schöpfer ihres eigenen Schicksals zu werden.

Drei Hinweise für diesen herausfordernden Plan erscheinen in dem Traum:

- Das beschädigte und verlassene industrielle Gebäude präsentiert die moderne Welt als entfremdet, nicht fähig, der menschlichen Kultur eine zukünftige Entwicklung zu sichern.
- Der überdimensionierte phallische Megalith bestätigt die Dominanz der männlichen Macht über die Seele der Menschen und ihrer Zivilisation.
- Die menschliche Siedlung am Fuß des Megalithen ist bezeichnend für die selbstsüchtige und introvertierte Haltung, die gegenüber der Lebenskraft ignorant ist, die im Rücken ihrer Siedlung vibriert.

Ein anderer Traum, den ich vor einigen Jahren träumte, könnte uns inspirieren, einen Ausweg zu finden, wie wir die bedrohliche Dominanz des einseitigen männlichen Prinzips überwinden könnten, um wieder die Schönheit der materiellen Welt genießen zu können, ohne von der versteckten fehlleitenden Intention der Gegenkräfte gestört zu werden.

In jenem Traum nahm mich ein etwas seltsam aussehender elementarer Meister in seinem Wagen mit, um mir einen wichtigen Ort zu zeigen. Ich wusste, dass er ein elementarer Meister ist, weil sein Wagen mit den zwei rechten Rädern auf der Erde und mit den beiden anderen auf der Luft neben der Straße fuhr.

Er zeigte mir eine gigantische Schlucht; tatsächlich war es ein Durchgang, der in die Steine gehauen war. Er wollte mir bewusst machen, dass dort ein enormes Potential existiert, das den Menschen angeboren, aber vollständig in Vergessenheit geraten ist; inzwischen ausgetrocknet und genau dort blockiert, wo seine ursprüngliche Kraft ins alltägliche Leben fließen sollte, um dessen Qualität und Vitalität aufs äußerste zu steigern.

Über den Traum nachdenkend entdeckte ich, dass sich drei solcher horizontalen Kraftkanäle im multidimensionalen Körper des Menschen befinden. Wenn diese aktiviert werden, können sie den überdimensionierten Kanal, der im obigen Traum von dem Valdur-Megalithen repräsentiert wird, perfekt ausgleichen. Sein vertikaler Strom, der den Kern der Erde mit dem Zentrum unserer Galaxie verbindet, sollte von drei horizontalen Kanälen ausbalanciert werden, die die archetypischen oder kausalen Dimensionen hinter unserem Rücken mit dem manifesten, verkörperten Leben vor uns verbinden. Entsprechend ihrer horizontalen Natur können sie als kraftvolle feminine (Yin-)Qualität betrachtet werden. Sie verlaufen auf drei Ebenen unseres Körpers:

- Der erste Kraftkanal Gaias verläuft durch das Zentrum der Bauchregion und bringt urbildliche (Drachen-) Kräfte in unser manifestes Leben, um uns Menschen stark zu machen in unserer Bereitschaft, Gaia in ihren Bemühungen zu unterstützen, die Erde als einen Ort des Friedens und der Schönheit neu zu erschaffen.
- Der zweite horizontale Kraftkanal verbindet die kosmische rückwärtige Region des Herzsystems mit der vorderen, die der Ausweitung von Liebe und Mitgefühl in die Welt vor uns gewidmet ist.
- Der Kanal des »dritten Auges« verbindet die Weisheit der individuellen Seele, die durch die Rückseite des Kopfes erreicht wird, mit dem Wissen, das vom einzelnen benötigt wird, um ihr oder sein Leben als eine wertvolle Zeitspanne des Lebens zu gestalten, die Wege gelungener Existenz zu gehen und die Schönheit des Lebens zu genießen.

Die Übung, die ich geschaffen habe, um die drei horizontalen Kraftfelder zu aktivieren, und dadurch eine Balance zu der übertriebenen maskulinen Dominanz herzustellen, ist ein Atmungsritual. Es kennt drei Sequenzen, die im Sinne der Balance auch den vertikalen Kanal mit einschließt.

Erste Sequenz, die Bauchregion betreffend

- Beginne, indem du vom Kern der Erde her einatmest, den Atem dabei aufwärts führend, bis der Punkt hinter dem Nabel erreicht ist.
- Atme von dort gleichzeitig in alle Richtungen horizontal aus, auf dass ein Kraftfeld der femininen Qualität entsteht.
- Atme von allen Richtungen des Feldes her gleichzeitig ein und atme aus – in das Universum hinein. Mache eine kurze Pause.
- Atme vom Zentrum des Universums her ein und führe den Atem hinunter, bis der Punkt hinter dem Nabel erreicht ist.
- Atme gleichzeitig in alle Richtungen horizontal aus.
- Atme von allen Richtungen des horizontalen Felds gleichzeitig ein, und atme aus - in den Kern der Erde hinein. Mache eine kurze Pause und wiederhole dann diese Art des Atems mehrere Male.

Zweite Sequenz, die Herzregion betreffend

- Beginne, indem du vom Kern der Erde her einatmest, und führe den Atem nach oben, bis der Punkt des Herzzentrums erreicht ist.
- Atme vom Herzzentrum gleichzeitig in alle Richtungen horizontal aus, auf dass ein Kraftfeld der femininen Qualität entsteht.
- Atme von allen Richtungen des Feldes her gleichzeitig ein und atme aus – in das Universum hinein. Mache eine kurze Pause.
- Atme vom Zentrum des Universums her ein und führe den Atem hinunter, bis der Punkt des Herzzentrums erreicht ist.
- Atme gleichzeitig in alle Richtungen horizontal aus.
- Atme von allen Richtungen des horizontalen Feldes des Herzens gleichzeitig ein, und atme aus – in den Kern der Erde. Mache eine kurze Pause und wiederhole dann diese Art des Atems mehrere Male.

Dritte Sequenz, die Region des Dritten Auges betreffend

- Beginne, indem du vom Kern der Erde her einatmest, und führe den Atem nach oben, bis er den Punkt des Dritten Auges erreicht hat. Mache dir bewusst, dass das Dritte Auge inmitten der Schädelhöhle schwingt und nicht über den Augenbrauen, eine Stelle, die nur als ein Symbol gekennzeichnet wird.
- Atme vom Punkt des Dritten Auges gleichzeitig in alle Richtungen horizontal aus, so dass das Kraftfeld der femininen Qualität entsteht.
- Atme von allen Richtungen des Feldes her gleichzeitig ein, und atme aus – in das Universum hinein. Mache eine kurze Pause.
- Atme vom Zentrum des Universums her ein und führe den Atem hinunter, bis der Punkt des Dritten Auges erreicht ist.
- Atme gleichzeitig in alle Richtungen horizontal aus.
- Atme von allen Richtungen des horizontalen Feldes des Dritten Auges gleichzeitig ein, und atme aus – in den Kern der Erde hinein. Mache eine kurze Pause und wiederhole dann diese Art des Atems mehrere Male.

An jenem Morgen, nachdem ich das oben beschriebene Atmungsritual ausführte, passierte etwas Unerwartetes. In meiner Vision explodierte der Valdur-Megalith. Im selben Moment erschien die leuchtende Präsenz der Weißen Göttin an seinem Platz.

Die Vision kann folgendermaßen gedeutet werden: Wenn die dichte Struktur der materiellen Welt mit den horizontalen Kräften, den femininen Qualitäten, ausbalanciert wird, kann sie zur Basis eines neuen transparenten und dennoch berührbaren Körpers der Realität werden. Wenn der materielle Körper der Welt transparent wird, kann er trotz seiner materiellen Qualitäten von Wesen ohne physische Augen wahrgenommen werden.

Die neue Qualität der Materie, die durch den Wandlungsprozess der Erde entsteht, verhindert folglich nicht die Kommunikation zwischen verschiedenen Sphären des Erdclusters, sondern ermöglicht sie geradezu. Auf der anderen Seite könnten Wesen der verkörperten Welt, wie zum Beispiel wir Menschen, feinstoffliche Realitäten normal wahrnehmen, was bisher ausgeschlossen war, wodurch auch das Zusammenwirken mit den heute noch unsichtbaren Verbündeten möglich sein würde.

11
Erdwandel und menschliches Schicksal – Hoffnung steht an erster Stelle!

Der Erdumwandlungsprozess ist mannigfaltig. Dieses Buch bestätigt, dass es nicht einfach sein mag, sich zwischen seinen verschiedenen Facetten zu orientieren. Aber es gibt zwei Hauptstränge der Veränderungen, die parallel zueinander verlaufen, teilweise sich so nah überschneidend, dass es unmöglich wäre, sie zu trennen.

Auf der einen Seite fällt die Weltstruktur auseinander, indem sie droht, die Lebenssysteme auf der Erde, die menschlichen Generationen mit eingeschlossen, in den Strudel der Zerstörung hineinzuziehen. Die wohlhabenden Nationen bereiten schon phantastische Pläne vor, ihre Städte vor kommenden Fluten und Erdbeben zu schützen.

Auf der anderen Seite entwickeln einzelne Personen und Gruppen alternative Wege, wie sie sich mit der Erde und der Natur wieder verbinden könnten. Sie haben dabei das Ziel vor Augen, die Erschaffung eines neuen Erdkörpers zu unterstützen, der eine neue und gesunde Aussicht für die zukünftige Entwicklung des Lebens und der Kultur auf dem Planeten eröffnen könnte.

Das ist natürlich nur ein grober Überblick über den anhaltenden Wandlungsprozess der Erde. Der folgende Traum vermittelt eine tiefere Einsicht, indem er zeigt, dass beide Strömungen des Prozesses nicht getrennt werden können. Sogar mehr, dass es die Rolle der Menschen sein könnte, eine kreative Verbindung zwischen den beiden herzustellen.

Der Träumer beobachtet den Flug zweier riesiger Vögel. Sie sind stark und schön und fliegen mit Lichtgeschwindigkeit. Der linke hat graues Gefieder, der rechte eines von purem Weiß. Sie scheinen miteinander zu wetteifern, wer als erster ein weit entferntes Ziel erreichen wird. Der Träumer bemerkt, dass der weiße Vogel gegenüber dem grauen einen kleinen Vorteil hat.

In diesem Moment sagt der graue Vogel zum weißen, in einer bildhaften Sprache, die der Träumer versteht: »Ich dachte, unser Ziel sei ein und dasselbe.« Der Satz wird begleitet von der Erscheinung eines barocken Palastes. Der weiße Vogel antwortet mit dem Bild einer offenen, weiten und leuchtenden Landschaft, die vor Leben zu bersten scheint.

Der Träumer erkennt, dass das Gespräch mit dem weißen Vogel ein Trick ist, um diesen abzulenken. Dessen enorme Konzentration wird für einen Moment geschwächt, und der graue Vogel gewinnt ein wenig an Vorteil.

Der Träumer ist bestürzt, weil er sich mit dem weißen Vogel identifiziert. Er weiß, dass sein Gefühl, sich mit dem weißen Vogel eins zu fühlen, diesen in dem dramatischen Moment unterstützen könnte.

Er könnte in seiner Vorstellung des Einsseins mit dem Vogel sein linkes Bein aus dem Vogel herausstrecken und gegen den grünen Berghang drücken, an dem sie gerade vorbeifliegen. Er weiß intuitiv, dass das Stoßen gegen den Berghang dem weißen Vogel den nötigen Antrieb geben würde, seinen Vorteil wiederzugewinnen.

Aber Achtung! Vor ihnen erhebt sich eine hohe, steile Betonmauer, die es dem Träumer nicht erlaubt, sich vom lebenden Boden abzustoßen. Er schaut auf das letzte Stück des grünen Abhangs und weiß, dass das seine letzte Möglichkeit für den rettenden Stoß ist.

Der Traum vom grauen und weißen Vogel

Das ist nur der erste Teil des Traumes – der zweite, der Anleitungen gibt, wie wir uns in diesem Moment verhalten sollten, kommt später.

Der erste Teil vermittelt die aktuelle Situation auf den tieferen kausalen Ebenen der anhaltenden Erdveränderungen. Offensichtlich gibt es zwei verschiedene Möglichkeiten, wie die Anhäufung der irdischen Welten entwickelt werden könnte. Die Dringlichkeit, die den Traum begleitet, macht deutlich, dass der Moment der Entscheidung gekommen ist, welchen Weg in die Zukunft wir nehmen wollen.

Indem er das Bild eines Palastes als Ziel seiner Reise angibt, enthüllt der graue Vogel selbst sein Einstehen für eine hierarchische Ordnung, die kein Interesse für den Fluss des Lebens zeigt. Stattdessen ist sie nach innen, ihren eigenen geschlossenen Strukturen zugewandt. Die Vision des grauen Vogels kann mit der High-Tech-Gesellschaft identifiziert werden, die ihr Interesse an der lebenden Kultur verloren hat, indem sie ihr Ziel darin gefunden hat, all das, was die menschliche Gesellschaft zum Überleben braucht, auf künstliche Art und Weise zu erzeugen.

Der patriarchalen Ordnung des Palastes entgegengesetzt, präsentiert der weiße Vogel sein Ziel mit einem bildlichen Ausdruck von Offenheit, einer Nähe zur Natur und der Freiheit, zu sein und schöpferisch zu handeln. Wenn wir annehmen, dass der Träumer eine Menschheit jenseits der Spannungen der vorherrschenden sozialen, politischen und ökonomischen Muster repräsentiert, so fühlt es sich vollkommen normal an, dass er sich mit der Vision des weißen Vogels identifiziert. Tief im Innern weiß er, dass es in diesem Moment der Geschichte darum geht, dass unsere auf Erden verkörperte Generation das Nötige dazu beiträgt, damit die Evolution des irdischen Universums der Vision des weißen Vogels folgen kann.

Was nicht übersehen werden sollte, ist die vorgegebene Dringlichkeit im gesamten Traum. Letztlich besagt er, dass Gaia ohne die Kooperation der Menschen den neuen Weg zur Freiheit und des Zusammenwirkens aller Lebewesen nicht einschlagen kann. Menschen haben die Fähigkeit zu helfen, den Quantensprung bewusst zu ermöglichen, der den Weg im Einklang mit der neuen Verfassung des Universums öffnen kann. Aber was können wir praktisch in diesem Moment der Entscheidung tun?

Glücklicherweise erinnert sich der Träumer an den zweiten Teil des Traumes mit praktischen Anweisungen. Sie bestehen aus drei Folgen.

Der Träumer ist Teil einer Gruppe, die sich irgendeiner selbstlosen Aktivität gewidmet hat. Das Telefon klingelt und jemand aus Brasilien spricht die Einladung aus, dass die Gruppe an einer internationalen Meditation teilnehmen soll, die in wenigen Minuten beginnen wird. Der Träumer ist begeistert und macht die Einladung in seiner Gruppe bekannt. Genau in dem Augenblick erklärt jedes Mitglied der Gruppe, dass es eine dringende Aufgabe erledigen muss. Einer nach dem anderen lassen die Mitglieder den Träumer allein.

Der erste Punkt lässt uns wissen, wie wichtig es ist, sich zu verbinden und in Gruppen und Netzwerken zusammenzuarbeiten. Ein Mensch allein kann nicht den nötigen Beitrag zum Quantensprung der Erde erbringen, der nötig ist, um die neue Ebene der Evolution zu erreichen. Die übereinstimmende Präsenz einer genügend großen Anzahl verschiedener Gruppen und Gemeinschaften im Prozess der Erdwandlung ist dafür notwendig. Unglücklicherweise missversteht die menschliche Kultur oft das Prinzip des freien Willens als Erlaubnis für beliebige Entscheidungen und egozentrische Aktionen, anstatt ihn als eine Einladung zu verstehen, freiwillig für das Wohl des Ganzen und aller anderen Wesen schöpferisch zu wirken.

Der Träumer ist davon überzeugt, dass es unbedingt nötig sei, Zugschienen bis zum Gipfel eines Berges zu verlegen. Eine Dampflokomotive soll mit großem Aufwand dort hinaufbefördert werden. Am Ende gelingt der schwierige Transport. Erst jetzt bemerkt der Träumer, wie verrückt und sinnlos die ganze Aktion war. Er ist jetzt tief besorgt, wie die Lokomotive wieder nach unten zu bringen sei. Er findet seinen inneren Frieden durch den Spruch des griechischen Philosophen Heraklit: »Der Weg aufwärts und der Weg abwärts ist ein und derselbe.«

Die zweite auf dem Spruch von Heraklit beruhende Anweisung macht klar, dass es einen Verlust von Energie darstellt, sich weiter über die Prozesse des beobachteten und tatsächlichen Verfalls innerhalb der modernen Gesellschaft, der Politik und Ökonomie zu beunruhigen. Der schwierige Transport der altmodischen Lokomotive den Berg hinauf ist ein Symbol der modernen Zivilisation, die jede Proportion zur Funktionsweise von

Der zweite Teil des Traums von dem grauen und dem weißen Vogel

lebenden Organismen verloren hat. Eine Lokomotive kann nur auf gerader Strecke ihr volles Potential entfalten.

Anstatt sich selbst zu erlauben, in die augenscheinlich zwangsläufigen Prozesse mit eingebunden zu werden, um die existierende Erdatmosphäre und natürliche Biotope zu retten, sollten wir uns lieber für die Schaffung neuer Bedingungen für das Leben und ihre Wesen, die Menschheit eingeschlossen, engagieren. Macht euch keine Sorgen; es wird weiterhin aktive Gruppen und einzelne Menschen geben, die den Ruf Gaias dahingehend verstehen, das Eintreten für den Schutz der Natur und der Lebensbedingungen auf dem Planeten sei ihre oberste Priorität.

Der dritte Punkt der Anweisungen bringt eine hohe Plattform aus Stahl in den Fokus:

Zuerst ist der Träumer davon überzeugt, dass die Plattform für die erwähnte Lokomotive erbaut wurde, um sie dort als Monument auszustellen, das die Errungenschaften der menschlichen Zivilisation würdigt. Aber dann erkennt er, dass die Oberfläche der Plattform mit einer dünnen schwarzen Schicht bedeckt ist, die von der schweren Lokomotive zerstört würde. Er versucht herauszufinden, was der veränderte Zweck der Plattform sein könnte. Ein Hinweis findet sich in den leuchtenden Funken, die auf dem schwarzen Grund verteilt sind.

Im Moment des Erwachens versteht der Träumer, dass die Plattform nun für den nötigen Anstoß vorbereitet wird, um den Flug des weißen Vogels zu beschleunigen, so dass er nicht von dem grauen bezwungen werden kann, der für die alte hierarchische Ordnung steht.

Die letzte Sequenz der Anweisungen lässt uns wissen, dass es noch nicht zu spät ist, zum Vorteil des weißen Vogels etwas zu tun – das heißt zur Unterstützung des erfolgreichen Übergangs vom Zeitalter des Erdelements zu demjenigen, für das die Freiheit des Luftelements maßgeblich ist. Wir befinden uns mitten in den Vorbereitungen für die ausschlaggebenden Entscheidungen. Seid bereit! Das Buch, durch das wir gemeinsam gegangen sind, bietet eine Fülle von Möglichkeiten, wo wir beginnen und was wir tun könnten – in erster Linie bei uns selbst und dann auch im Licht des Tages.

Schlussfolgerung

Wie könnte das Erschaffen einer neuen Erdsphäre sich auf die Zukunft der Menschheit auswirken?

Ich war überaus froh, das hier vorliegende Buch nach zwei Monaten Arbeit endlich beendet zu haben. Ich hatte meinen Computer schon aus dem Fenster geworfen und beschlossen, auf die Bahamas zu fliegen. Aber dann machte mir eine liebe Freundin klar, dass ich meine Einsichten zu der momentan dringlichsten Frage noch nicht beantwortet hätte, wie die Schaffung einer neuen Erdsphäre unser tägliches Leben beeinflussen würde. So brachte ich den beschädigten Computer wieder in mein Atelier, reparierte die zerbrochenen Teile und beschloss, eine Schlussfolgerung zu schreiben.

Um die Frage zu beantworten, wäre es am besten, einen Traum zu Wort kommen zu lassen, den ich schon vor einigen Jahren in dem Buch »Das Universum des menschlichen Körpers« (AT Verlag 2015, S. 117) veröffentlicht hatte. Der Traum geht so:

Wir fahren mit einem normalen Regionalzug, als dieser plötzlich wegen einer so schwer beschädigten Lokomotive zum Halten kommt, dass wir nicht sicher sind, ob es überhaupt möglich ist, sie zu reparieren. Der Ort, an dem wir nun mit unserem Zug stehen, ist ein verlassener Ort, nirgendwo gibt es eine Möglichkeit, einen Kaffee zu trinken oder Roulette zu spielen. Die Reisenden sind gelangweilt, sie steigen aus dem Zug und wieder ein, sprechen miteinander durch die geöffneten Fenster usw.

Plötzlich erreicht uns die Nachricht, dass sich ein Expresszug auf dem gleichem Gleis nähert. Wir geraten in Panik. Das wird einen schrecklichen Zusammenstoß geben!

Einige Augenblicke später rast der Expresszug heran. Doch es gibt keinen Zusammenstoß. Er fährt einfach durch den Aufbau des alten Zuges hindurch, als wäre er aus reinem Licht.

Die Sprache des Traumes ist großartig, indem er die aktuelle Situation des Planeten auf so einfache Weise beschreibt. Autokratische Regimes tauchten auf, um Millionen oder sogar Milliarden von Menschen an ihre ideologischen Dogmen oder die egozentrischen Ambitionen ihrer Führer zu ketten. Der Lebensstil basiert auf einer linearen Ökonomie, und das Geschäft mit fossilem Brennstoff floriert, auch wenn wir alle wissen, dass wir auf einen planetarischen Selbstmord zusteuern. Täglich neu erscheinende Technologien ziehen Massen von Menschen in virtuelle Räume, die jede Beziehung zur lebenden Natur verloren haben. Der kaputte Zug der menschlichen Zivilisation steht blockiert auf den Schienen seiner Evolution.

Der ankommende Lichtzug steht für den neuen Realitätsraum, den Gaia und ihre spirituellen Helfer als neue Art des planetarischen Raums gebaut haben. Ohne etwas von dem zu wiederholen, was in den obigen Kapiteln schon geschrieben wurde, ist es offensichtlich, dass die Errichtung der neuen Erdsphäre auf verschiedenen Ebenen im Werden begriffen ist, um neue Lösungen für die anscheinend unlösbaren Probleme unseres Zeitalters anzubieten.

Der Traum bedient sich des Bilds eines Licht-Expresszugs, weil sich die neue Erdsphäre offensichtlich aus leichteren oder schnelleren Vibrationen zusammensetzt als die Erde, die nach den Gesetzen und Qualitäten des Erdelements aufgebaut ist. Natürlich betreten wir das Zeitalter des viel leichteren und beweglicheren Luftelements – wie in dem allerersten Kapitel dieses Buches erklärt wurde.

Der Traum bringt sehr deutlich zum Ausdruck, dass der Expresszug den alten nicht etwa überrollt. Im Gegenteil, zeigt er sich für eine bestimmte Zeitspanne als anwesend innerhalb des alten Zugs. Wenn wir als Reisende aufmerksam genug wären, könnten wir uns einfach in die Sitze des Expresszugs fallen lassen und unsere Reise auf dem Kurs unserer Evolution mit seiner Geschwindigkeit fortsetzen! Wie leicht könnte die Lösung der größten Probleme unserer Zeit sein!

Mit dem obigen Traum im Sinn wage ich zu behaupten, dass wir Menschen uns gegenwärtig in dem gesegneten Moment befinden, wo der »Lichtzug« noch in den alten Strukturen der Welt anwesend ist. Wir haben noch genug Zeit, uns in seine komfortablen Sitze zurückzulehnen und die Reise fortzusetzen. Aber Achtung! Der kosmische Augenblick dauert zwar in der Tat länger als der unsrige; und dennoch könnte der Moment kommen, an dem der Expresszug verschwunden ist. Zögert nicht! Nutzt die Gelegenheit des Augenblicks und stimmt eure Präsenz auf den Planeten des Luftelements ein. – Es gibt eine Reihe von Ritualen und Übungen, die in diesem Buch für diesen Zweck angeboten werden.

Nun, was passiert, wenn der Lichtzug tatsächlich verschwunden ist? Nehmen wir an, einige von uns waren nicht aufmerksam genug; sie standen außerhalb des Zuges, rauchten Zigaretten und unterhielten sich. Wenn wir zu denen gehören, haben wir den Lichtzug verpasst. Wie sehen unsere Möglichkeiten für die Zukunft aus? Sicherlich werden wir unser Schicksal mit Millionen von Menschen dieser Art teilen. Mein folgender Traum vom November 2018 gibt eine mögliche Antwort auf diese Frage.

Der erste Teil des Traumes malt die chaotische Situation, wie sie für die heutige Menschheit charakteristisch zu sein scheint.

Der Träumer wacht in der Nacht in einem Hotel auf und muss pinkeln. Er geht den Korridor entlang bis zur Tür mit der Aufschrift »Herrentoilette«. Er öffnet die Tür, doch innen befindet sich ein privater Raum und ein zorniger Mann springt in seinem Bett hoch. Da das Bedürfnis dringend ist, beschließt der Träumer, zu den Damentoiletten zu gehen. Während er dort sitzt, erscheint eine Frau und macht eine ärgerliche Bemerkung in seine Richtung. Beschämt kehrt er zu seinem Zimmer zurück und zählt dabei die Türen, um nicht wieder in einem falschen Zimmer zu landen…

Der zweite Teil des Traumes zeigt genau die Gefahr auf, dass die lebendige Verbindung zwischen den zwei im Erdwandlungsprozess verstrickten Parteien sich auflösen könnte. Folglich würde die Menschheit in zwei vollkommen getrennte Teile gespalten; in die Welt der Menschen, die dem Massenbewusstsein anhängen (das heißt jene, die in dem folgenden Traum mit dem Bus reisen) und die alternativ Denkenden und Handelnden, die im Traum vom radfahrenden Träumer selbst dargestellt werden.

Der Träumer entschließt sich, mit einem Touristenbus durch Italien zu fahren. Aber unglücklicherweise sind bereits alle Plätze reserviert, so dass er mit dem Fahrrad hinter dem Bus herfahren muss. Das Problem ist natürlich, dass der Bus viel schneller ist als unser Radfahrer der Zukunft. So erhebt sich für ihn die Frage, wo er jeden Abend die Leute aus dem Bus treffen soll, da das Abendessen und die Hotelzimmer geteilt werden.

Um das Problem zu lösen, schlägt der Träumer vor, zu einem Geschäft zu gehen und eine geografische Karte von Italien zu kaufen, um zu klären, an welchen Orten die Leute aus dem Bus und der Träumer sich jeweils treffen könnten. Aber statt einer Landkarte bietet die Verkäuferin ein weißes Stück Papier an, auf dem die Distanzen zwischen den verschiedenen Städten in Italien vermerkt sind. Der Träumer weist dieses Papier zurück und bittet die Verkäuferin, nach einer richtigen Karte zu schauen. Der Träumer ist nervös, weil der Bus in vier Minuten abfahren wird.

Der Traum vom einsamen Radfahrer

Was der Träumer zurückweist, ist das Konzept der Trennung in zwei Weltsphären, die keine lebendige Verbindung miteinander haben. Das Konzept wird durch die Liste symbolisiert, die bloße geografische Distanzen zwischen verschiedenen Orten aufzeigt. Der starke Wunsch des Träumers nach der richtigen geografischen Karte bedeutet, die Lösung so zu gestalten, dass für die Menschheit die reale Möglichkeit bestehen bleibt, sich auch unter den neuen Weltbedingungen immer noch als ein Ganzes zu erfahren, selbst wenn dieses Ganze aus einigen relativ autonomen Einheiten besteht.

Es gibt mehrere mögliche Lösungen. Ich bin sicher, dass Gaia nicht beabsichtigt, irgendeine Person der menschlichen Gattung ihrem Schicksal in der Dunkelheit zu überlassen. Auf unserem Weg durch die Landschaft dieses Buches begegneten wir oft der Behauptung, dass die manifeste Erde – beeinflusst durch das Luftelement – sich in die Richtung eines multidimensionalen Planeten entwickelt. Als Resultat könnten verschiedene Gruppen von menschlichen Seelen in ein und demselben planetarischen Raum unterschiedliche Bedingungen vorfinden, die sie für ihre weitere Entwicklung benötigen. Die so entstehende Vielfalt spaltet nicht, sondern bestätigt vielmehr die Integrität der Menschheit und des Planeten Erde.

Eine solch mannigfaltige planetarische Sphäre wird die Heimat von mehreren parallelen Realitäten sein, die den menschlichen Seelen angeboten wird, wenn sie sich darauf vorbereiten, sich auf der Erde zu verkörpern.

Seelen, die an ihren individuellen Bürden arbeiten müssen, die sie davon abgehalten haben, rechtzeitig den »Licht-Express« zu nehmen, werden zu jener Dimension der Erde hingezogen werden, wo sie optimale Bedingungen vorfinden, um sich von entfremdeten Mustern zu lösen, ihre Traumata umzuwandeln und Wesen der Freiheit und des Friedens zu werden. Dort wird die elementare Intelligenz Gaias zur Lehrerin werden, die die Menschen während ihres schwierigen Prozesses der Umwandlung inspiriert. Doch der wichtigste Lehrer wird der ziemlich komplizierte Prozess der Umwandlung selbst sein, durch den der zur Zeit fast aufgegebene Planet wieder zu einem Ort ursprünglicher Schönheit und Stärke der Natur werden kann.

Andere Seelen, die bereits durch diese Art von Transformationsprozess hindurchgegangen sind, könnten sich ebenfalls dort inkarnieren, um jene Seelen zu unterstützen, die während der Geburt des Luftelements der Erde zurückgeblieben sind. Ich glaube, dass auch andere Wesen, besonders die Elementarwesen des fünften Elements bereit sein werden, den Umwandlungsprozess jener Menschen zu unterstützen, die wie in dem obigen Traum im »Bus« des Massenbewusstseins reisen. Gaia hat diese Elementarwesen darin unterwiesen, wie sie Menschen verstehen und mit ihnen kooperieren können.

Andere Seelen, wie der »Fahrradfahrer« aus dem obigen Traum, die für die feinstofflichen Bedingungen der Erde des Luftelements bereit sind, werden die Möglichkeit erhalten, an der Entwicklung des mehrdimensionalen Raums mitzuarbeiten, während sie mit den erwähnten parallelen Evolutionen zusammenwirken. Allerdings ist der Ausdruck »an etwas arbeiten« nicht angemessen, weil unter den Bedingungen des neuen Raums »arbeiten« identisch mit »sein« ist. Die Weltsphäre des Luftelements ist so fein, dass sie nur existieren kann, wenn sie sich auf die Liebe und die Bewusstseinsdimension jener Wesen stützen kann, die ihren Globus ausmachen. Das bedeutet, dass Kommunikation und schöpferische Imagination ihrem Wesen nach gleich sind. Die Seelen, die sich dafür entscheiden, sich unter den Bedingungen der neuen Erde zu manifestieren, werden lernen müssen, unter den neuen Bedingungen kreativ zu sein – nicht nur als Individuen, sondern besonders in Gruppen – indem sie mit allen anderen Sphären des Erdclusters und dessen Wesen zusammenwirken.

Genauso wichtig ist die vierte Option. Einige Seelen mögen sich entscheiden, mit Gaia und ihren elementaren Helfern zu kooperieren, um die ziemlich verlassene Erde des Erdelements zu ihrer ursprünglichen Schönheit und Stärke zurückzuführen. Durch partnerschaftliche schöpferische Bemühungen wird die »alte« Erde zu einem Teil des neuen Erdclusters als eine ihrer Dimensionen werden. Ich sehe es als eine Art von planetarischem Park, wo der Natur die Möglichkeit gegeben wird, ihr eigenes Paradies zu schaffen, indem sie einerseits als autonome Dimension für sich schwingt und zur gleichen Zeit zum ungeteilten multidimensionalen Planeten gehört. Wesen anderer Erdsphären – Menschen und Wesen anderer Evolutionen – werden eingeladen, das Reich der Natur, ihren Frieden und ihre Weisheit zu besuchen und zu genießen.

Anhang 1
Das multidimensionale Modell der Realität

Beim Lesen des Buches, das einen optimistischen Blick auf die Erdveränderungen wirft, wird deutlich, dass ich ein bestimmtes Modell von räumlichen Dimensionen anwende, um die Existenz jener Wesen und Phänomene zu erkennen, die keinen materiellen Körper haben und doch ein notwendiger Teil der Lebensprozesse auf der Erde sind. Hier möchte ich dieses spezifische Modell umreißen, so dass es den Leserinnen und Lesern als Schlüssel dienen kann, um zu den im Buch besprochenen Themen einen besseren Zugang zu bekommen.

Das von mir angewandte Modell der multidimensionalen Realität hat sich in den dreißig Jahren meiner Arbeit mit Erdheilungsprozessen in verschiedenen Städten und Landschaften weltweit entwickelt. Zum Teil entwickelte sich diese Art der Arbeit in Gruppen durch die Kooperation mit interessierten Menschen, zum Teil durch Lithopunktur, indem Steine mit eingemeißelten Kosmogrammen an bestimmten Plätzen aufgestellt wurden.

Im Prinzip besteht das Modell aus drei Ebenen:

- irdische kausale Bereiche – stehen für die planetarische Matrix des Lebens;
- verkörperte Realität oder manifeste Weltsphäre;
- kosmische kausale Bereiche – stehen für die universale Matrix der Schöpfung.

Die verkörperte Realität ist jener Bereich, wo die schöpferischen Impulse aus dem Kern Gaias und jener aus der Weite des Universums aufeinandertreffen, um durch ihr gemeinsames Wirken das Wunder der verkörperten Welt zu erschaffen. Aber es ist nicht nur die materialisierte Welt (Dimension 5), welche die manifeste Welt begründet. Sie wird unterstützt durch die Fähigkeit der planetarischen Wassersphäre (Dimension 6), die

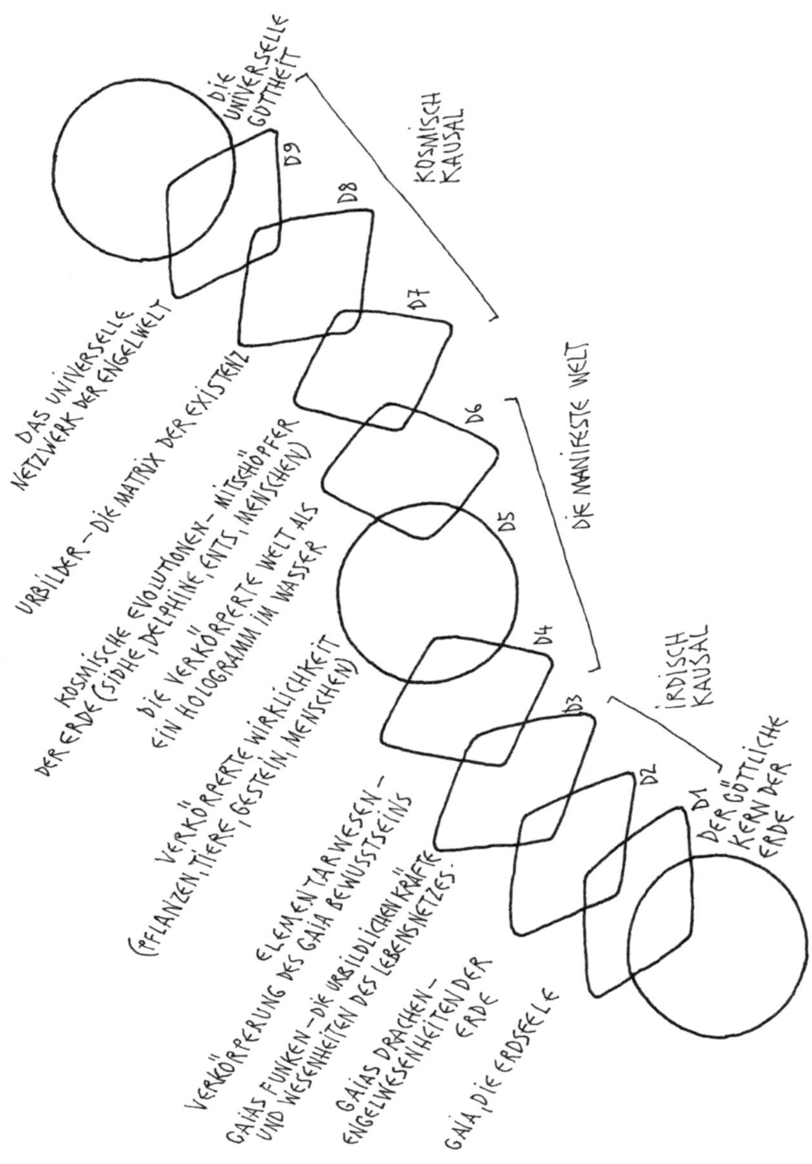

Das im Buch dargestellte Modell des neuen planetarischen Raums

kodiert alle nötigen Informationen enthält, damit das schöpferische Bewusstsein der Elementarwesen (Dimension 4) die ätherischen Formen der planetarischen Phänomene bilden kann. In der fünften Dimension manifestieren sich die ätherischen Formen zum Teil in materialisierten und zum Teil in feinstofflichen (energieähnlichen) Formen.

Die manifeste Welt ist in den kausalen (archetypischen) Welten der Erde auf der linken Seite in der Zeichnung des Modells verwurzelt und jene, die zum Universum gehören, auf der rechten (Dimensionen 1–3 und 7–9). Sie werden eingehend und durchweg im Buch und auch in der folgenden Zeichnung dargestellt.

Göttlichkeit als vereinigendes Prinzip findet ihr Zuhause sowohl im Innersten des Universums (Sophia) als auch im Kern der Erde (Gaia) (Dimensionen 0–10).

In Bezug auf das Modell möchte ich die Bedeutung jener Bereiche unterstreichen, wo einzelne Rhomben oder Kreise – die für verschiedene Dimensionen stehen – sich überschneiden. Diese Schnittflächen repräsentieren interdimensionale Portale, welche die Kommunikation und den Austausch zwischen einzelnen Dimensionen ermöglichen.

Anhang 2
Anleitung zum Gebrauch der Gaia Touch Übungen und Rituale

Es ist nicht zu übersehen, dass neben dem Text und den Zeichnungen auch Übungen und individuelle Gaia Touch Rituale, über das ganze Buch verteilt, dargestellt werden.

Es ist nicht meine Absicht, mit dem Entwurf eines Buches mentale Ideen auf die Leser zu projizieren. Aus diesem Grund stelle ich meine persönlichen Erfahrungen, Einsichten und Träume, bezogen auf die Erdwandlung, eurer Betrachtung anheim. Mit der gleichen Absicht schlage ich Gaia Touch Übungen und Körperrituale vor, damit die Leserinnen und Leser ihre eigenen Erfahrungen mit den gegebenen Themen machen können.

Die von mir entwickelten Übungen sind keine Visualisierungen, auch wenn Bilder als Hilfsmittel benutzt werden, um in die Übung hineinzugehen. Visualisierungen haben einen mentalen Charakter und können keinen direkten Zugang zu der gegebenen Erfahrung öffnen. In unserem Fall basieren die Übungen auf der schöpferischen Fähigkeit zur Imagination.

Bei Imaginationen ist die menschliche Fähigkeit, innere Bilder zu erschaffen, mit der sogenannten »Kraft des Wortes« verbunden. Das heißt, die Bilder kommen nicht von der mentalen Ebene des Bewusstseins, sondern vom Bewusstsein des Herzens, das im Bauch, genauer, in der Beckenhöhle als dem Reich der Drachenkräfte verwurzelt ist. Auf diese Weise können die vorgeschlagenen Übungen den direkten Weg zu den angestrebten Erfahrungen öffnen.

Übungen dieser Art verlangen keine bestimmte Umgebung, um sie anzuwenden. Es kann genauso gut in einer Wohnung im 15. Stock stattfinden als auch an einem Ort in der Natur. Sie erschaffen sich ihr eigenes feinstoffliches Umfeld, sobald sie ausgeführt werden. Wenn ihr einige Übungen im Sitzen vollzieht, achtet bitte darauf, dass euer Rückgrat auf eine natürliche Art und Weise in einer aufrechten Position ist.

Die Funktionsweise der Gaia Touch Hand- und Körperrituale werden im Kapitel 9 des dritten Teils des Buches näher erklärt. Hier findet ihr zusätzlich einige praktische Anweisungen.

Ich schlage vor, sich zwei oder drei Gaia Touch Körper- oder Handrituale auszusuchen, um sie über eine bestimmte Zeitspanne hinweg zu üben, so dass die gewünschten Veränderungen in der eigenen inneren Welt und in den feinstofflichen Körperbereichen erreicht werden können. Es spielt keine Rolle, zu welcher Tageszeit und unter welchen Bedingungen mit Gaia Touch gearbeitet wird.

Die Handrituale können auch im Sitzen durchgeführt werden, aber stellt sicher, dass euer Rückgrat gerade ist, so dass es mit der Übung schwingen kann.

Manche Rituale könnten einen bestimmten Rhythmus verlangen; andere funktionieren am besten, wenn sie sehr langsam ausgeführt werden. Euer Gefühl wird euch sagen, welche Art und Weise der Ausübung im gegebenen Moment richtig ist.

Gaia Touch ist ein offenes System; fühlt euch ermutigt, eure eigenen Rituale oder Übungen zu entdecken. Folgt dabei denselben Prinzipien – das heißt: Entwickelt sie durch eure vertraute und innige Beziehung mit dem Universum Gaias, ihren Orten oder Wesen.

Wenn ihr weitere individuelle Rituale oder Übungen benötigt, um damit zu arbeiten, könnt ihr sie in dem Gaia Touch Kartenset finden, publiziert in einer englischen und deutschen Version unter:

www.geniusloci-publishing.com

Anhang 3
Das weibliche Chakrensystem

Im 8. Kapitel des zweiten Teils dieses Buches wird das feminine Chakrensystem erwähnt. Da es eine entscheidende Rolle spielen kann, die überdimensionierte maskuline Kultur der gegenwärtigen Epoche auszubalancieren, könnte es hilfreich sein, es detaillierter zu beschreiben, so dass sein Gebrauch im täglichen Leben befeuert werden könnte.

Das feminine Chakrensystem hat eine aufgerundete Form, um sich mit der zyklischen Qualität des femininen Prinzips zu verbinden. Es ist das Herzzentrum, welches das Zentrum der vier Chakrenkreise repräsentiert, von dem jeder die Verbindung zu einem der vier Elemente der Schöpfung Gaias darstellt. Durch die Zusammenarbeit mit den Elementen des Wassers, des Feuers, der Erde und der Luft bringt das feminine Prinzip die manifeste Realität hervor. (Vergleiche dazu die Zeichnung zum femininen Chakrensystem am Ende von Kapitel 8, Teil 2.)

Die vier Chakren des Wasserelements – Das Wasserelement steht für den Fluss des Lebens.

- Die kreisförmige Bewegung der Lebensenergie zwischen den vier Chakren des Wasserelements bildet die Wassersphäre des menschlichen Körpers.
- Das Chakrenpaar unter beiden Schlüsselbeinen ist dafür verantwortlich, die Wassersphäre des Menschen mit allen nötigen Kodierungen und Archetypen zu prägen, um in jedem Augenblick den menschlichen Körper als Mikro-Universum zu erschaffen.
- Das Chakrenpaar am unteren Ende des Brustkorbs regelt den Fluss des Wasserelements zwischen dem Körper und seinem natürlichen oder kosmischen Umfeld.

Die sechs Chakren des Feuerelements – Das Feuerelement steht für die Kraft, Lebensprozesse zu steuern; die Prozesse der Umwandlung mit eingeschlossen.

- Das Chakrenpaar des Feuerelements an den Hüfträndern arbeitet daran, die Dynamik zu den Lebensprozessen des Körpers auf die organische Ebene zu bringen.
- Das Chakrenpaar am äußeren Ende der Schulter ist verantwortlich für den Austausch der Lebensfunken zwischen dem Körper und der Umwelt.
- Das Chakrenpaar an den Ohrläppchen arbeitet an der Aktivierung kosmischer Impulse, damit das persönliche Leben eine Pilgerschaft auf dem Pfad der spirituellen Entwicklung werden kann.

Die fünf Chakren des Erdelements – Das Erdelement ist verantwortlich für die Prozesse der Verkörperung.

(Um die Position der Chakren wahrzunehmen, die mit den Elementen der Erde und der Luft in Beziehung stehen, sollten wir mit ausgestreckten Armen aufrecht stehen.

- Das Chakrenpaar hinter den Knien hält die Anwesenheit der menschlichen Seele unter den Bedingungen der Verkörperung aufrecht.
- Das Chakra zwischen den Knien ist verantwortlich für die Erdung des Körpers.
- Das Chakrenpaar hinter den Ellbogen ermöglicht die Verwirklichung von menschlichen Ideen und Vorhaben.

Die fünf Chakren des Luftelements – Das Luftelement steht für die Prozesse der Kommunikation.

- Das Chakrenpaar unter den Fußsohlen ist in der Lage, den vertikalen Pfad der Kommunikation zwischen der Erde und dem Kosmos zu aktivieren.
- Das Chakrenpaar auf den Handflächen hat die Aufgabe, den horizontalen Pfad der Kommunikation zwischen der manifesten und kausalen Welt aufrechtzuerhalten.
- Das Chakra über dem Kopf liegt so hoch, wie die menschliche Hand greifen kann. Es ermöglicht die Kommunikation zwischen dem einzelnen Menschen und der spirituellen Welt.

Das Herzchakra verkörpert innerhalb des femininen Chakrensystems sein Zentrum und repräsentiert das fünfte Element, das den archetypischen Hintergrund der vier Elemente darstellt.

Zur gleichen Zeit ist es auch der Punkt der Verbindung des femininen Chakrensystems mit den sieben Chakren des maskulinen Chakrensystems, das entlang der Wirbelsäule und darüber hinaus positioniert ist.

Die folgende Gaia Touch Übung kann helfen, das feminine Chakrensystem zu stärken.

Gaia Touch Übung, um mit den fünf Elementen im Körper Kontakt aufzunehmen

- Wir beginnen, indem wir drei Mal auf das Brustbein klopfen, um die Präsenz des Herzsystems zu kennzeichnen, das für das integrierende fünfte Element steht. Alle fünf Finger sind in einer Faust vereinigt, während wir auf die Brustmitte klopfen.
- Die Übung geht weiter mit dem Wasserelement, indem wir für eine Weile mit überkreuzten Händen die zwei Punkte auf unserem Brustkorb unter dem jeweiligen Schlüsselbein reiben. Dort befinden sich zwei Chakren des Wasserelements.
- Danach wechseln wir zum Feuerelement. Jetzt reiben wir für eine Weile unsere Ohrläppchen, wo zwei Chakren des Feuerelements lokalisiert sind. Dieses Mal sind die Hände nicht überkreuz.
- Als nächstes kommt das Erdelement. Die entsprechenden Chakren liegen hinter den Knien. Klopft mit überkreuzten Händen auf eure Kniescheiben.
- Zum Schluss kommen wir zum Luftelement mit den dazugehörigen Chakren in der Mitte der Handflächen. Um sie zu aktivieren, solltet ihr einmal vor dem Körper in die Hände klatschen und ein anderes Mal hinter dem Körper.
- Dann beginnen wir wieder mit dem Klopfen auf das Brustbein...

Gaia Touch Übung, um mit den fünf Elementen im Körper Kontakt aufzunehmen

Über den Autor

Marko Pogačnik (1944) lebt mit seiner Frau Marika in Šempas, Slowenien. In den 1960er Jahren wirkte er als Konzeptkünstler im Rahmen der OHO Gruppe. Danach entwickelte er die »Lithopunktur«, eine Methode der ökologischen Heilung gekoppelt mit der Kunst der Kosmogramme. Seit 22 Jahren begleitet er die gegenwärtigen Erdwandlungen. In diesem Zusammenhang arbeitet er an der Entwicklung der »Gaia Touch« Übungen und der Begründung der planetaren Gaiakultur. Zusammen mit einem internationalen Team baut er seit 2005 die Geopunkturkreise in verschiedenen Ländern von Europa und Amerika. Bücher unter anderen: Elementarwesen, Schule der Geomantie, Erdsysteme und Christuskraft, Liebeserklärung an die Erde, Das geheime Leben der Erde, Quantensprung der Erde, Synchrone Welten, Sprache der Kosmogramme, Universum des menschlichen Körpers.
www.markopogacnik.com

Bei Neue Erde sind bislang zwei Bücher von ihm erschienen:

Gaiakultur –
Der Weg zu einer Zivilisation
der erwachten Herzen, 2014

Friedenswerkstatt –
Die Friedensmatrix erneuern,
2016 (Deutsch/Englisch)

NEUE ERDE im Buchhandel

Neue Erde ist ein kleiner unabhängiger Verlag, und der unabhängige Buchhandel ist unser natürlicher Partner. Wir unterstützen die Initiative »buy local«.

Sollte es Lieferschwierigkeiten bei den Büchern von NEUE ERDE geben, lassen Sie immer im VLB (Verzeichnis lieferbarer Bücher) nachsehen, im Internet unter **www.buchhandel.de**

Alle lieferbaren Titel des Verlags sind für den Buchhandel verfügbar.

Auch mobil können Sie, zum Beispiel mit LChoice, unsere Bücher beim örtlichen Buchhändler kaufen.

Sie finden unsere Bücher auch auf unserer Homepage **www.neue-erde.de** oder in unserem Gesamtverzeichnis, welches Sie gerne hier anfordern können:

NEUE ERDE GmbH
Cecilienstr. 29 · 66111 Saarbrücken
info@neue-erde.de